中华先贤人物故事汇

魏徵

罗桢婷 著

中华书局

图书在版编目(CIP)数据

魏徵/罗桢婷著. —北京:中华书局,2024.12. —(中华先贤人
物故事汇). —ISBN 978-7-101-16926-3

Ⅰ.K827=42

中国国家版本馆 CIP 数据核字第 2024QS9969 号

书　　名	魏　徵	
著　　者	罗桢婷	
丛 书 名	中华先贤人物故事汇	
责任编辑	董邦冠	
封面绘图	纪保超	
内文插图	顾梦迪	
责任印制	管　斌	
出版发行	中华书局	
	(北京市丰台区太平桥西里 38 号　100073)	
	http://www.zhbc.com.cn	
	E-mail:zhbc@zhbc.com.cn	
印　　刷	三河市宏达印刷有限公司	
版　　次	2024 年 12 月第 1 版	
	2024 年 12 月第 1 次印刷	
规　　格	开本/787×1092 毫米　1/32	
	印张 4¾　插页 2　字数 65 千字	
印　　数	1-6000 册	
国际书号	ISBN 978-7-101-16926-3	
定　　价	22.00 元	

出版说明

孔子周游列国，创立儒家学说；张骞出使西域，开辟丝绸之路；书圣王羲之，留下了曲水流觞的佳话；诗仙李白，写下了"举头望明月，低头思故乡"的名篇；王安石为纠正时弊，推行变法；李时珍广集博采，躬亲实践，编撰医药学名著《本草纲目》……

这些杰出的历史人物，有的是在中华民族文明进程中做出过突出贡献、对后世产生过巨大影响的思想家、政治家，有的是对中华优秀传统文化的传承传播发挥过重大作用的文学家、艺术家、科学家，有的是为国家安定统一、民族融合团结和中外文化交流做出过杰出贡献的军事家、外交家……他们为中华民族的繁荣发展做出了伟大的贡献，他们的行为事迹、风范品格为当世楷模，并垂范后世。

　　他们是中华民族的先贤人物。他们的思想、品德、事迹，是中华优秀传统文化的结晶；他们的故事，是对中华民族的禀赋、特点和气质最生动、最鲜活的阐释；他们的名字，在五千年中华文明史上最为光彩夺目；他们为五千年中华文明史书写了最为光辉灿烂的篇章。

　　为了解先贤，走近先贤，我们精心组织编写了这套《中华先贤人物故事汇》丛书，以翔实可靠的史料为依据，细腻动人的故事为载体，真实地呈现中华先贤人物的事迹、品格和精神风貌，彰显他们的贡献和功绩，激发人们对国家民族的热爱，对中华文明、中华优秀传统文化的崇敬。

　　开卷有益，期待这套丛书成为你的良师益友。

目 录

导 读

　　魏徵（580—643），字玄成，唐代著名政治家。他早年孤寒，却胸怀大志，在隋末几经辗转后归降唐朝。先辅佐隐太子李建成，为护主曾多次设计杀害太宗。玄武门之变后，太宗不计前嫌，用他为谋臣。历任谏议大夫、尚书右丞、秘书监，官至侍中、太子太师。封郑国公，世称魏郑公，谥号文贞。

　　太宗曾问群臣："魏徵与诸葛亮，谁更贤能？"有人答："诸葛亮有将相之才，魏徵不如。"太宗却说："魏徵以仁义助我齐名尧舜，所以超越了诸葛亮。"

　　作为明君贤臣的最高典范，从善如流的太宗与直言敢谏的魏徵彼此成全，合力创造了"贞观之治"。一方面，魏徵敢谏，强调"水能载舟，亦能覆舟"，认为人民才是国家根本，能够决定国家兴亡。所以，君王要居安思危，戒骄戒奢；更要虚心纳谏，仁爱百姓。另一方面，魏徵也善谏。他学识渊博，多用前朝故事讽喻当朝，主张借鉴隋亡的教训，讲究以理服人；他在直谏时不卑不亢，更能旁敲侧击，迂回作战。

除此之外，魏徵的史学、文学成就也不容小觑。他在执掌秘书省期间，编成《群书治要》《隋书》。同时，撰写了《隋书》序论及《梁书》《陈书》《北齐书》总论。其中，《群书治要》从历代典籍中摘录治国方略，《隋书》等作为纪传体断代史总结前朝故事，都体现了"以史为鉴"的强烈自觉。在文学方面，《隋书·文学传序》反对浮靡的南朝文风，也不满北朝文章过于质朴，提出融合南北的文学理想，意义非凡。魏徵诗歌以五古《述怀》为代表，质朴高古又锤炼妥帖，被视为盛唐诗风的滥觞。其谏议政论文，如《谏太宗十思疏》《十渐不克终疏》等，骈中带散，气韵沉雄，更是对后世奏议影响深远。

君臣遇合

　　"太子，终究是败了。"魏徵呷了一口清酒，赏玩着酒杯。虽有丝竹管弦在耳，清风明月傍身，他却只是再三叹息。

　　这一天，是唐高祖武德九年（626）六月初四。听人传报，秦王李世民亲自率领长孙无忌、尉迟恭等九人，在玄武门设下伏兵，等太子李建成、齐王李元吉策马前来，众人便一拥而上，刀箭齐发。混战中，李世民搭弓，亲手射杀了太子。尉迟恭跃马而下，登时击毙了齐王。与此同时，唐高祖李渊正与群臣在太极宫的海池里泛舟，一心等待着三位皇子。没想到，皇子们迟迟未到，却见尉迟恭带领军队，长驱直入，名曰"宿卫"，实为挟持。

唐高祖无奈，被迫交出军政大权，下诏称太子李建成、齐王李元吉因谋逆罪伏诛。旋即，秦王一举驱散太子余党，平定祸乱，又将太子、齐王的子孙十余人尽数屠戮，并从宗籍除名。一日之间，长安城内风云变幻，人人自危。

"杀兄弟，囚父皇，断子孙，好一场血雨腥风！"魏徵心中倍感凄凉，却也恨太子明知有诈，仍要执意前往。早在昨日，太极宫中就有消息传出，说是秦王密奏高祖，污蔑太子与张婕妤等嫔妃有染，淫乱宫闱。高祖李渊虽然并未深信，但也照例传话，要三个儿子今日进宫，彻查此事。魏徵疑虑重重，心想这罪名实在来得太过蹊跷，只怕是项庄舞剑，另有所图。齐王李元吉的本意，原也是劝太子托疾不朝，但"杨文干之乱"在前，秦王府已暗示过东宫与他勾结谋反，如今不到两年，又横生事端，不去和父皇解释，怕是过不了这一关。太子在惊魂之余，自是寝食难安，只怕众口铄金，积毁销骨，失了父皇信任。最终，太子李建成与齐王议定，认为只需稍作戒备，前往探个究竟，为此倒怨起魏徵太多虑了。今日早朝之时，魏徵伏地痛哭，极力劝谏，叩首不已，竟至血流覆面，却也拦不住二人扬鞭绝尘而去。

"太子和齐王，到底是看轻了李世民！如今二位殿下与陛下天人永隔，不仅沉冤难雪，还祸及子孙！"想到这里，魏徵切齿无言，仰头便把杯中残酒一饮而尽。这李家父子兄弟的关系和矛盾，他早已是看得明明白白，否则，他也不会几次三番力劝太子除掉秦王。只是太子向来宽厚，又深得父皇信任、兄弟扶持。许多见风使舵的朝臣，即便是秦王府中如封德彝那般出众的人物，也已暗中投靠了太子。倒是李世民，虽有军功，却屡受高祖猜嫌，不仅折损心腹，近年来更是兵权渐失。也许，太子早已认定自己是胜券在握了吧？殊不知，这场兄弟争斗已成了生死局。他们兄弟之间，终归是要兵刃相见的。

"无可奈何！无可奈何！竟是太子自赴死地！"魏徵心中叹息，更觉悲从中来，于是停杯击箸而歌曰："力田不如逢年，善仕不如遇合。"旋即感叹一生飘零。他生于寒微，长于战乱，虽然屡次得人赏识，却始终难以施展抱负。九年前，魏徵随武阳郡丞元宝藏起兵，响应瓦岗寨的李密起义。在书信往来之间，虽深得李密称赞，却也只是被视为文学之士。他曾面见李密长史郑颐，献"深沟高垒"的奇策，却被讥笑为"老生常谈"。后来李密降唐，魏徵请求安抚山东，已经提前修书，说服李密部将李勣归附李唐王朝。正待大发粮储犒劳淮安王军队时，又因黎阳陷落而被窦建德俘获。窦建德对他倒是礼待有加，还任命他为起居舍人，只是日常行事从来不许他多言半句。几年前，李世民生擒窦建德，魏徵作为属官被俘，再次归顺大唐。进入长安以后，魏徵颇受太子赏识，被引荐为太子洗马。他虽竭忠尽智，一心辅佐太子，可如今，即便是他猜中了兄弟阋墙的结局，也只能眼见着太子兵败身死，万事皆休。

夜深了。小暑刚过，白日如蒸笼般的酷热还未散尽，但月色如水，倾泻在庭院之中，毕竟平添了几分清凉。一旁的小童竟然自顾自打起盹儿来，忘了添酒。那丝竹管弦之声，也在不经意间多了些疲惫，反倒不如虫吟、鸟鸣来得有趣。魏徵默然良久，举手一挥道："都散了吧。"话音刚落，小童便要来收拾杯盏，却见魏徵又自酌自饮起来，便不解地问道："老爷，今日长安城内家家闭户，人人噤声，唯有老爷在此独饮无眠，莫不是要等什么人？"

"是啊，我确实是在等人，要等那许多的人。"魏徵笑道，又一饮而尽，理了理嗓子，清唱道，"勿言一尊酒，明日难重持。"

小童不由得皱紧了眉头，摇了摇头，却隐约听得院外喧嚣声渐起，伴随着杂沓的脚步声，由远而近。突然，庭院的门被人一脚踹开，一群全副武装的甲士便如潮水般涌了进来，瞬间站了一院子，火把把整个院落照耀得如同白昼一般。领头的是一个身长八尺的壮汉，面如黑炭，虎目虬髯，至魏徵眼前站定，便似铁塔一般。此人声如洪钟地问道："太子洗马何在？"

"在此。"魏徵也不抬头，朗声应道。

"是你？日夜撺掇太子害我秦王的小人！在下尉迟恭，秦王有令，召太子洗马过府一叙。"尉迟恭语毕，便按剑而立，不怒自威。

见此阵势，小童与家丁全都吓得呆若木鸡。而魏徵只稍作迟疑，便有一群甲士扑了过来。

"请将军引路。"魏徵答道。不急不缓，无喜无悲。

随即，一行车马从魏徵府邸鱼贯而出，沿着宫外的大道，直奔长安西北角的弘义宫。这是高祖专门为秦王在宫外新建的宅邸。李渊在即位之初，自居太极宫，立李建成为太子，居东宫；又封李世民为秦王，居承乾殿；封李元吉为齐王，居武德殿。父子四人同住宫中，相待只如寻常父子兄弟，不论宫规。因此，无论昼夜，三位同父同母的皇子都能在宫中畅行无阻，即便是出入宫闱禁地，也都可以乘着高头大马，携带弓箭、刀枪等各色武器。更有甚者，是皇帝的诏书、手敕，与太子令及二王教令并行。宫人只按传达的先后次序来执行，从未区别尊卑。只是，这番父慈子孝的光景虽好，却终究不是长久之计。

几年前，秦王领兵攻克洛阳城。战后论功行赏，因淮安王李神通有功，便下令赐田数十顷。不想张婕妤的父亲也看中了这片田地，便暗中央告婕妤，请她向高祖美言，把田地赏赐与自己。高祖心想，这洛阳城已收入版图，便是宠妃向我讨个数十顷也并不过分，于是降下手敕，又把田地赐予张父。哪想李神通竟援引成例，认为秦王教令在先，高祖手敕在后，拒绝交付田地。张婕妤转而向李渊哭诉，说是秦王夺了她父亲的田地。高祖大怒，也不顾皇帝诏敕与二王教令并行已久，立即召见秦王，怒斥道："我的手敕，难道还不如你的教令管用吗？"事发后数日，高祖仍然是余怒未消，向左仆射裴寂抱怨说："世民手握重兵，长年在外征战，想必误信了不少书生的教唆，早就不是我当初的那个孩儿了。"不久之后，高祖便下令在城外为秦王营建弘义宫。名义上，这是"以秦王有克定天下功，特降殊礼"，但事实上呢？这座宫殿的位置，偏居长安城西北角，占地狭小，数月之间仓促完工，自然是卑小简陋，难与承乾殿媲美。所以，在旁人看来，这更像是高祖对秦王的有意疏远与打压。

渐渐地，青石板上急促的马蹄声缓了下来，前面的马几声长嘶，弘义宫已到眼前了。魏徵下轿，抬头望了望匾额，想象着秦王被隔绝在红墙黄瓦的宫城之外的另一番光景。这是太子李建成从未体会过的，否则，太子今日怎敢贸然涉险呢？

"太子洗马，请！"尉迟恭催促着，仍是拥剑而立的模样。

魏徵整了整衣衫，便在众甲士的挟持中昂首入府。转过影壁，只见一路灯火通明，戒备森严，丝毫不见斗酒喧哗的景象。看来，这位事实上已经夺取最高权力的秦王，并不打算放纵阖府上下恣意庆祝。若不是将士的兵甲上仍残留着斑驳血迹，这俨然就是一个寻常的夜晚。

至大殿，魏徵远远便望见有人端坐高处，仍是高冠虬髯，一身戎装。只是，与往日的举动生威不同，今夜的李世民尽显疲态。

"来了？"李世民问，似乎等了他很久。

魏徵不急不缓地走上前去，施礼道："叩见秦王。"礼毕，站定，便不再多发一言。

李世民瞧定他，良久，才缓缓说道："魏徵，我们又见面了。"

"是啊。魏徵何其有幸，能得秦王这般挂念！"

真是一个沉闷的开头。魏徵不是不知道，秦王深夜召见意欲何为。今日太子与齐王临行之际，他号泣死谏，差点儿就坏了李世民的大事。加之双方交恶已久，相互之间明争暗斗，安插细作也不是什么稀奇事儿。他屡次向太子建言除掉秦王，这些事想必早就传到了秦王耳中。不然，尉迟恭怎会说出"撺掇太子害我秦王"的话来。如今，李世民清算太子余党，他魏徵定是首当其冲。

"大胆魏徵，你可知罪？"李世民终于问了出来。

"不知。"魏徵答道。

"你身为太子洗马，不思匡扶太子，还敢挑拨我与太子弟兄之间的感情？"

"我是太子属臣，自然要为太子谋划。当初太子殿下若肯听我一言，先发制人除掉秦王，便不会有今日之祸！"

"狂夫可恶，你怎敢如此大言不惭！"尉迟恭不禁大怒，作势便要扑来，倒是被李世民拦下了。

"且不说秦王被发配到弘义宫，"魏徵面不改色，又继续说道，"便是因最近的'杨文干之乱'，秦王肯放过太子吗？"

"是可忍，孰不可忍！前有刘文静，后有杨文干，明明是陛下的处置太过偏颇，有失公允！"尉迟恭听罢，脱口而出。

魏徵笑笑，再不言语。

这刘文静原是晋阳起义的开国元勋，随秦王辗转征战，军功赫赫。他第一次见到李世民，便爱其豁达神武，认定他是汉高祖刘邦、魏武帝曹操一样的人物。李世民也一向视刘文静如父如兄。数年前，刘文静随李世民镇守长春宫，醉后失言，拔刀击柱称："定要斩杀裴寂。"这原本是句醉酒的昏话，不想却被家中失宠的小妾听了去。小妾把它当作把柄，状告刘文静谋反，说他要杀当朝宰相。高祖令裴寂、萧瑀二人共同审讯。刘文静生性豪爽，心中无愧，便大胆直言："太原起义之初，我是司马，地位应与长史裴寂相当。如今，裴寂官至尚书左仆射。论职官与封赏，我已远不如他，如今还要东征西讨，无力庇护家小，确实是有不满之心。"高祖闻言大怒，以为刘文静反迹已明。但廷臣李纲、萧瑀等，都坚称刘文静不算谋反，只是发发牢骚而已。李世民为保全刘文静，也极力向高祖陈说："他虽有些不满的情绪，但为人坦荡，从无谋反之心。"裴寂深知高祖向来猜忌刘文静，便乘机进言："刘文静的才能、谋略，确实高出众人，但此人天生粗鄙阴险，一旦恼怒，便会发狂而不知检束。那些悖逆丑态，就是在会审时也不肯稍作收敛，想来是反状已明。如今天下未定，外有强敌，如果这次赦免了他，必定会留下后患。"高祖听闻，旋即下令斩杀刘文静，抄没其家产，并株连其弟刘文起。

"好一个莫须有的'谋逆罪'！陛下杀的是刘文静，恼的却是我李世民。"秦王不觉潸然泪下，又说，"庆州都督杨文干原是东宫属官，他起兵造反，攻下宁州，是我奉命前往镇压的。不想，却有流言说是'有人诬告东宫'，父皇竟也信了。不仅不打算废除太子，还要迁怒于我，硬生生把一件证据确凿的造反事儿，归咎于'兄弟不能相容'，还将东宫的王珪、韦挺，以及我府中的杜淹，一并流放到巂州。"

"杨文干已死，此事根本无从查证。只是太子绝无谋反的理由，否则，如今鹿死谁手，还说不定呢。至于刘文静被冤杀一事，愿殿下吸取教训，好自为之，莫要重蹈覆辙。"魏徵说完，拱手而立，似乎早已将生死置之度外。

"魏徵啊，魏徵，你可真不怕死！"李世民叹道。

"死？'死去何所道，托体同山阿'。我有什么好怕的呢？"魏徵笑道，"殿下的问题，我都如实答了。不知道殿下是否愿意听我一言？"

"无妨，你只管说来听听。"

"不知殿下想要做怎样的天子？"魏徵问道，没有半点犹豫。

"大胆！"尉迟恭闻言变色，正待发作，却听李世民说："魏徵，这就是你的临终之问？"

"是。臣生逢乱世，何枝可依？如今已经是您的阶下囚了，若临死前能为天下苍生献言，为殿下避祸，倒也是一桩美事。"

李世民屏退左右，独留尉迟恭在侧，又令魏徵近前，说："数年前，我与房玄龄微服出巡，路遇王远知。王远知见我有圣王之气，便嘱咐我说：'方为太平天子，愿自爱。'这句话，我始终铭记于心。"

"大胆！"尉迟恭闻言变色，正待发作，却听李世民说："魏徵，这就是你的临终之问？"

魏徵是全然不信鬼神符咒之说的。但他知道，这王远知是个茅山道人，师从"山中宰相"陶弘景，说是有通天的本领，能预知天命。从陈后主到隋炀帝，两代亡国之君都对他极为尊奉。唐高祖起兵晋阳，据说也是得了他密传的符命。然而，无论真假，这大唐的江山，已是落入了秦王的囊中。若秦王有心致太平，能自爱，也是天下之大幸。

魏徵稍感慰藉，又问道："殿下可还记得你我初见时的情景？"

"那是擒获窦建德，攻克洛阳城之后。"李世民想了想，说，"我正派人点检府库，突然就有兵将把你们押了过来。"

"是。不知秦王是否记得，当时还另有贵妃一行人？看样子，贵妃应该是向您私下求取宝货，并为亲属在洛阳谋官。"

"确有此事。"

"我记得，当时殿下是如此回应的：'珍宝已经全部登记上奏，而洛阳的官职也只会授予贤才与有功之人。'"

"没错。贵妃因此记恨我，才会偏袒大哥，没少在父皇跟前诋毁我。"

"还有尹德妃。其父因女儿得宠，便十分骄横。长安的官员路过他家，没有不下马牵行的。谁知殿下的属官杜如晦不知，偏是骑马经过。德妃父亲怒不可遏，呼令家丁围殴杜如晦，把他拽下马来，极尽羞辱，致他一指骨折。"

"确有此事。德妃还恶人先告状，说是杜如晦折辱其家。我为此几番辩解，父皇却从未相信。"秦王言罢，神色黯然。

魏徵接着说："殿下及僚属处事公道，未曾对陛下的嫔妃不敬。只是众口铄金，三人成虎，在陛下的眼中，您已经成了一个居功自傲、嚣张跋扈的不孝子。从今往后，只愿殿下牢记前事，近贤臣，远小人。须知'水能载舟，亦能覆舟'。"

李世民听完后，默然良久，又问道："魏徵，你可知齐桓公故事？"

"桓公前期以管仲为相，尊王攘夷，九合诸侯，成为天下霸主。可惜晚年昏聩，宠信易牙、竖刁，致使五子内乱。桓公身患重病，却无人探问，至死后六十七日方才入殓。莫非殿下是听了微臣所言，有所感触？"

李世民哈哈大笑，说道："齐桓公即位之前，与公子纠同争国君之位。管仲原是辅佐公子纠的。为了确保公子纠顺利登位，他暗施冷箭，谁知桓公命大，只是射中了带钩。当时桓公急中生智，将计就计，咬破舌头，假装中箭吐血后倒地身亡，骗过了对方。管仲和公子纠以为桓公已死，便放慢了行程。而桓公日夜兼程，终于赶在二人之前回国即位。事败之后，公子纠和管仲逃往鲁国。桓公为救管仲，假称要报一箭之仇，请鲁庄公务必活捉管仲，交付齐国。如此，桓公与管仲才终于成就了一段君臣遇合的美谈。"

魏徵听秦王缓缓道来，起初颇觉意外，到后来，渐渐听出门道，却又生怕自己理解错了。毕竟，君心难测。

"魏徵，你还觉得你必须死吗？"李世民见他不为所动，又问，"本王比桓公如何？"

"不知。"魏徵怔了一怔，说道，"书生无用，比不得管仲。若蒙不弃，只好忘却生死，犯颜直谏，或许能助殿下成就太平盛世。"

"妙哉！妙哉！"李世民抚掌大笑，说道，"你果然不是那般迂腐的儒生。"

魏徵敛衽，稽首曰："子路曾问孔子：'齐桓公杀了公子纠，召忽杀身殉主，但管仲不死，是不是算不仁呢？'孔子说：'桓公九合诸侯，不费一兵一卒，是靠着管仲的谋划，达成了霸业。这就是管仲的仁德啊。'如其仁，如其仁。"

三日后，唐高祖下诏立李世民为太子。两月后，李世民在东宫显德殿即位，是为唐太宗。

不做忠臣

北风卷地怒号，雪下了一夜，至天明时分方才停了下来。天地之间，银装素裹。纵然旭日高升，穿透云层，洒下万道金光，但阳光却似冷透了一般，让人遍体生寒。

中书侍郎温彦博身披狐裘，头戴貂帽，正闲步至偏院，立于门首回廊之下。忽听得西厢房内喧哗声起，想是家中童仆围炉聚饮，正喝到酒酣耳热处。因天寒，西厢早已挂上厚毛毡作门帘，捂得严严实实。厢房四周户牖紧闭，只留下西面一扇窗户开着透气。他刚走近窗前，便听一声粗砺的嗓子传了出来："这酒虽好，却比不得那千牛卫的'步兵酒'。"

所谓"步兵酒",其实也算不得什么正经名酒，只不过是千牛卫的私酿罢了。魏晋时期，名士阮籍好酒。他听说步兵营的厨子最善酿酒，营中更有美酒三百斛，便自请为步兵校尉，人称"阮步兵"。这官一做就是七年，别人追求高官厚禄，他却只愿守着美酒不放。碰巧千牛卫的厨子也极善酿酒，酿成的美酒名满长安，引得人人垂涎。于是，便有好事者引经据典，把它唤作"步兵酒"。

温彦博收了脚步，在窗前站定。只听一片哄笑声中，又有一个苍老的声音响起："若能得'步兵酒'满饮而醉，我便醉死也甘愿呀。"众人嬉笑着，顺着话题七嘴八舌地聊了开去。

"今日大寒，听说'步兵酒'已是酿成了。"

"到哪儿能寻个门路？就算换得一杯半盏也好呀！"

"往年，除了千牛卫，便是太子东宫与齐王府有份。听说去年，偌大的长安城，这"步兵酒"就只送了魏右丞。"

聊到这里，众人并没有停下来的意思，但声音却不约而同地压了下去。风声呼啸而过，将那些闲言碎语吹得七零八落。温彦博站在窗外，听得不甚分明，但心里却早已猜了个大半。前些日子，他奉旨微服私访，从京城的大小酒肆中听到的，也多半是这些话。有人说，千牛将军李志安与魏徵同为隐太子府旧人，私交甚笃；也有人说，魏徵宠遇优渥，平步青云，自然会有人上赶着巴结。温彦博心中烦闷，正欲转身离开，却又听得屋内笑声渐起，有人说道："可惜那魏徵竟是个不解饮的人，平白糟蹋了美酒！"

温彦博摇了摇头，叹道："既不解饮，又何苦收下，闹得满城风雨呢？"说完，转身便出了别院。

自昨日从宫中回府，他便始终愁眉不展。原想着到后院散散心，怎知转来转去，还是躲不开"魏徵"这个名字。他一路走着，一路寻思着那件棘手的差事，猛一抬头，却见家中老仆寻来，回话说："去魏府的拜帖已经送到了，魏右丞请您今日过府，说是备了薄酒相招。"

罢了，既然躲不过，那便趁早了结了吧。他沉吟半晌之后，突然自嘲般地展颜一笑，说："那就整顿车驾，即刻前往。"他想，只是今日这酒，怕是不好喝呀。

　　温彦博的棘手的差事，要从一个月前说起。那时，魏徵新任尚书右丞不久，便先后有数人密奏太宗，说魏徵徇私枉法。唐太宗并未深信，却也派他暗中查访原委。他为此竭心尽力，历时一月，从内廷到外朝，再到坊间、酒肆，查验得是仔仔细细，却寻不出魏徵为政的丝毫短处，处处尽显他恪尽职守，处事公允。只是，朝野有关魏徵的传闻却是无处不在，褒贬不一：有人赞美，就有人中伤；有人艳羡，就有人诋毁。还有那许多捕风捉影、添油加醋的说法，全都如生了翅膀长了脚一般，成为人们茶余饭后的热门谈资。

　　温彦博想，若不是传言这般甚嚣尘上，他便回个"无中生有"即可。但人尽皆知，太宗是有意重用魏徵的。玄武门事变之后，魏徵作为故太子的心腹谋臣，几乎全身而退，只是象征性地从太子洗马降为詹事主簿，仍得以随侍陛下。去年八月初九甲子日，太宗受禅，旋即任命魏徵为谏议大夫，封钜鹿县男，与故太子中允王珪、左卫率韦挺同列。前后算来，降职不过两月，便又平步青云。论官阶，王、韦皆在魏徵之上；论猜嫌，玄武门之变时，王、韦二人因为"杨文干之乱"远流嶲州，绝无可能与事。但魏徵仍以戴罪之身，比肩王、韦，足见皇恩深眷。此后不到一年，魏徵再度升任尚书右丞，兼谏议大夫。一年两迁，自然会引出些街谈巷议，褒贬评说。偏巧魏徵又不是那玲珑通透的人，完全不知道深荷皇恩，便应该远避猜嫌。譬如这"步兵酒"，如今天寒地冻，人人思饮，谁都留意着佳酿的去向。他又怎敢贸然收下，落人口实呢？

昨日，温彦博入宫面圣，据实上奏。唐太宗手扶御座，侧耳细听，似深以为然。然而，当温彦博提及"魏徵不避猜嫌，该当责备"时，李世民的神色便有些暗淡下来。他沉吟许久，只说："有劳贤卿，替我代为责问。"温彦博一怔，虽然得了圣旨，却愈发显得手足无措了。他想，魏徵大节不亏，陛下自然不宜当面苛责，以免伤了君臣和气。而他作为中间人，也理应从容辞令，好言相劝。但魏徵此人向来强直，不肯轻易屈服，他又该如何委婉地说明"人言可畏"呢？

想到这里，温彦博深深叹了口气。此时，车骑正缓缓地向魏府驶去。路面湿滑，众人都行得相当小心。温彦博默念着以和为贵，又把那许多辞令预演了一番。

今日大寒，长安城内道路冷清。另有一老一少，也正赶着牛车，从千牛卫出发，往魏徵府上去。车上载着几坛新酿的美酒，一路酒香四溢，引得人人驻足围观。在这火辣辣的目光中，少年显得越发不自在了，那扬鞭的手，忽然顿在半空中，似若有所思。

"怎么了？"老人把烟斗往牛车上一扣，眼皮也不抬地问道。

少年红着脸，低声问道："您说，今年这酒，魏右丞还肯不肯收呢？"

"如何不肯？将军与右丞是旧交情，礼尚往来亦不为过。这酒是我卫府所酿，又不是什么值钱的东西，怎么就不肯收了呢？"

"只是，前日温侍郎……"

"温侍郎奉命查访，吾等竭力配合，如此而已。"略一沉吟，老者又说道，"身正何惧影子斜？

你莫要怕那些嘴碎的。将军着我们天亮出发，日暮归府，坦坦荡荡走大路，便也是这个意思。"

少年听罢，抿着嘴笑了笑，又直起腰板，扬起鞭子，用清脆的嗓子把那吆喝拖得长长的。

昨日，老人也曾问过将军李志安："这酒，该不该送？"只见将军面带怒容，斩钉截铁地说了很多话。有些他记得的，如今已转告少年，还有那许多他不懂的，什么"怀璧其罪""天下至公""盛世清明"之类，他用心听着，虽说不懂，却也认为那都是极有道理的。况且，将军还说过："陛下出身行伍，常年跃马疆场，不会有那些文人的矫情和猜忌。"

到了魏府，魏徵果然是爽快地收下了酒，又命管家在暖阁用上好的酒菜招待他们，一如往年。老人从胸中呼出一口气来，也不见外，与少年俱脱了衣帽，便与人推杯换盏起来。从卫府聊到乡野，直喝得额头冒汗才起身告辞。出门看时，魏府的回礼早已在车上堆得满满当当的，足以抵过酒钱。管家还赔着笑说："今日温侍郎到府，家主作陪，不能面谢，请见谅。"

"不敢当，不敢当！"老人受宠若惊，连连摆手。猛然想起刚才搬酒时，不小心撞见温侍郎温彦博，只见他面如黑铁，便又有些局促起来。

此时的魏徵，正端着酒杯，与温彦博客客气气地聊着。酒过三巡，菜过五味，魏徵已有些微醺，不免敧侧于座，却见对方仍是端坐如钟，举手投足之间，尽合法度，尽显世家风范。只见温侍郎举杯祝道："恭贺魏右丞荣迁，此后更当勠力上国，流惠下民。"

魏徵笑了笑，心想荣迁已有一月，而这般老套的祝辞，对方竟已说了三遍。他举杯回敬道："多谢侍郎，魏某自当谨遵教诲。"

温彦博出身太原温氏，自执掌机要以来，一向深居简出，俨然是"大隐隐于朝"的清流典范。如今天寒地冻，自然是无事不登三宝殿。魏徵拈着酒杯，顾盼自若，耐心地等待对方开口。

温彦博几番欲言又止，终于说道："听闻年关过后，陛下便会准了长孙大人的辞呈。"

"似有此事，在下亦略有耳闻。"

"长孙大人无心政事，而尚书省诸事烦冗，有劳魏右丞了。"

"在其位，谋其职，我不过是奉命行事罢了。"

"敢问右丞，这尚书省的右仆射，一人之下，万人之上，多少人趋之若鹜，为何长孙无忌偏视如畏途呢？不仅多番请辞，还托皇后求情，直逼得陛下允了他才罢休。"

"怕是有所忌惮吧。听闻诏书初下，便有人密奏陛下，说长孙无忌权宠过盛，恐生变故，动摇国本。殊不知，陛下心中坦荡，从未有疑，还把密奏的内容出示长孙大人，以表明君臣之间毫无猜忌。"

温彦博闻言莞尔，又道："长孙无忌是开国勋旧，居功第一；他的妹妹贵为皇后，所以又称国舅。自古有言：'功高不赏，震主身危。'这尚书省最是机要所在。自前朝以来，例不设尚书令，只设左、右仆射分掌大权，视为宰相。长孙大人识大体，知进退。如此重任，他又如何敢担？且不说尚书右仆射，便是魏大人的右丞之职，也是协理纲纪，位高权重。如今，尚书左仆射萧瑀是太上皇旧臣，陛下以高位尊养，却令其有名无实。如今长孙大人请辞，尚书省更要仰赖魏大人了。"

魏徵怎能听不懂这弦外之音？他低头啜了口酒，掀起眼帘，双眸如墨，忽然问道："温侍郎以为这酒如何？"

温彦博迟疑着，轻摇酒杯，见酒色碧绿，醇香扑鼻，酒痕挂杯，似泪滴一般，品相极好。只是入口之后，初尝甜绵爽净，余味却如刀割，到底不算上乘。他想起入府时见人搬运酒坛，似乎猜到了杯中是何酒。

"这便是那千牛卫的'步兵酒'。"魏徵道。他想起落座之前，温彦博面若冰霜，隐有怒容，便也无意隐瞒。

"这酒不过如此，何必白白惹人闲话？"温彦博笑道。

"我起初收下它，便是因它'不过如此'。不过是收下故人心意，又有什么落人口实之处呢？待流言四起，我却发现此酒别有滋味，竟不能割舍了。"

"愿闻其详。"温彦博不以为然地牵动嘴角，冷冷答道。

"侍郎可知，我初尝此酒，曾大醉三日，至今坊间引为笑谈？"

"人人都说魏大人不善饮。怪只怪这酒入口醇厚，后劲却足，容易骗人沉醉。"

"让您见笑了。"魏徵说着便起了身，向温彦博走去，道，"我从未喝过如此烈酒，只觉入口之后，分明有种暴虐的灼烧感，但为何偏偏有人爱之如狂呢？"

他执起温彦博的手，掀开重帷，下了高台，径直向西窗走去，道："富贵人家向来不肯饮凉酒，都说凉酒喝了手颤，写不得字，拉不开弓。当年，我见那送酒的老汉，却携个破酒袋子，独自在大雪天里浅饮、细品。他说'步兵酒'要凉着吃才好，无论多烈的酒，只要煮过、温过，便都卸了火气，变得温吞起来。我虽不解，却也学他，先是在暖房里一口口品着，不甚得趣，后来出门立在大风里，方才淡去喉头的烧灼，换回一身暖意。如此酣饮，我便醉了。"

温彦博听得不知所云，却又不好发作，只敷衍道："魏右丞说笑了，这些乡野村夫的话，怎么能够当真？"

"如何不能当真。你看，这一窗之隔，竟是两个世界。"魏徵顺手支起了虚掩的窗户。北风登时呼啸着，卷起雪霰扑了进来，吹得他们站立不稳。然而，饶是如此气势，这冷气灌入之后，却只能撞入重帷之中，化作暖风熏人。屋内，重帷深堂，红烛高烧，九枝灯燃着，多的是兽炭金炉，一室如春；屋外，数九严寒，狂风肆虐，有那陋巷白屋，短褐衣单，尽日无火。

斜日西颓，二人立在暮色之中，一时无语。温彦博刚才喝得身暖，如今却更觉霜风割面，寒意彻骨。他微蹙双眉，说道："人言可畏，还望右丞以大局为重。"

魏徵淡然一笑，关了窗户，说："人只道尚书右丞位高权重，却忘了陛下有诏，仍令我兼谏议大夫，掌规谏讽喻，以补朝政阙失。我身处庙堂，如何访得民间疾苦？只能因着些故旧往来，从那笑话、胡话、牢骚话中，听些实情。古人云：'水至清则无鱼，人至察则无徒。'我若与故旧绝了往来，便是失职。去年，我奉旨安抚故太子与齐王旧

"如何不能当真，你看，这一窗之隔，竟是两个世界。"魏徵顺手支起了虚掩的窗户。

部。行至半途，见人绑了太子千牛与齐王护军入宫请赏。当时，我若碍于猜嫌，不敢即时放了那二人，纵然日后说尽'四海归一，天下至公'，又有谁肯相信呢？如今寰宇初定，故太子与齐王伏诛，普天之下，朝臣尽为陛下所用，怎能容人含沙射影，割裂彼此呢？魏徵行事，但求无愧于心。"

"'树欲静而风不止'，长孙大人与陛下是布衣之交，又结为姻亲。他悉心奉国，以天下安危为己任，可如今……"

"汉武帝时，卫青官至大司马，封侯万户，居功第一；又因其姊卫子夫贵为皇后，便是国戚。他一生戎马倥偬，不避猜嫌，重用外甥霍去病，终是助武帝成就了太平盛世。如此看来，'功盖天下而主不疑'，也是有的。我若忌惮流言蜚语，独善其身，世人倒会以为'空穴来风，未必无因'，这不是欲盖弥彰吗？"

"人言可畏，君心难测。历代又能有几个卫青？做臣子的，应守好自己的本分。望右丞好自为之。"温彦博顿了顿，又说道，"这也是陛下的意思。"

魏徵听罢，默然不语。送走温彦博后，窗外下起雪来，断断续续地下了两日。

雪后放晴，李世民临窗搦管，忽见魏徵走来，笑问："贤卿近日如何呀？"

魏徵答："大雪封门，唯有读书而已。臣见《战国策》有'邹忌讽齐王纳谏'的故事，说'王之蔽甚矣'。如今陛下富有天下，其受蒙蔽的程度，又如何呢？"

"自然是更甚于齐王。好在魏卿耿直，能犯颜直谏，是朕之幸。"

"既然如此，便该君臣同心，为何要用些流言蜚语来责备我？若我抛弃至公，只顾雕琢言行，便值得嘉奖吗？如果朝廷上下盛行此道，为官的人人畏祸，不敢有所担当，那国家的兴亡如何？"

太宗赧然，只说："温侍郎皆已转告朕，是朕思虑不周。"

"希望陛下能让我做良臣，而不是忠臣。"魏徵行长揖礼，字斟句酌地说道。

"忠臣与良臣，有何不同？"

"后稷教人耕种，百姓免于饥荒；契辅佐大禹治水，皋陶创立法典，这些都是良臣。关龙逢死谏，比干剖心，却只是忠臣。良臣能帮助君王安邦定国，其人得美名，其君亦得名垂青史，流芳万世。而忠臣身受刑戮，却陷国君于昏聩残暴之地，乃至亡国灭族。所以，忠臣徒取空名，于事无补，远不如良臣。"

"确实，虚名不如实绩。"太宗略作思索，又问，"为君者如何才能算作是贤明，又该如何避免陷于昏聩呢？"

魏徵答："君主贤明，便会广开言路，听取各方意见；君主昏聩，便会蔽塞失察，偏听偏信。尧、舜二帝设有四门，广纳四方谏言；确立四目，专以咨访民情，所以能尽知天下的事情。朝廷之内，即使有奸佞如共工、鲧之徒，也做不到只手遮天，混淆是非；建言之中，即使有浮夸虚美、讳疾隐恶之词，也不可能颠倒黑白，迷惑二帝。与此相反，秦二世深处宫中，不与他人亲近，只知倚重赵高，落得众叛亲离。梁武帝宠信朱异，猜忌贤臣，直至侯景作乱，兵临城下之际，仍然被蒙在鼓里。隋炀帝偏爱虞世基，即使当时四处揭竿，烽火遍地，也沉醉不知。可见，兼听则明，偏信则暗。只要君主能广开言路，那么，纵有奸臣，也不能蒙蔽陛下；纵有流言，也会因真相而溃散。如此一来，民情上达天听，天下何愁不治？"

"说得好！"李世民笑脸盈盈，指着书案上新写的一幅字，道，"我猜你会来问我，便预备着送你一首诗。"

魏徵俯身看去，见诗题写着《赐魏徵诗》，曰："醽醁胜兰生，翠涛过玉薤。千日醉不醒，十年味不败。"

李世民袖着双手，颇有些自得地说："这'步兵酒'是俗称，实在太过敷衍。我为它赐名为'醽醁''翠涛'，可好？魏卿若肯割爱，最好多多分与众人，以示天下至公。"

"谢主隆恩！"魏徵敛衽，再拜。

太宗怀鹞

一声鹰哨响起。

碧空里盘旋的鹞鹰闻之一顿，旋即便收了翱翔的双翅，如闪电般俯冲下来。李世民笑着，迎着它抬起手臂。鹞鹰轻捷地落下，矫首而立，双目炯炯，顾盼生姿。

"真是一只好鹞子。"李世民打量着它，满心欢喜。

当初，他也曾犹豫过，到底要不要收下这只鹞鹰。因为在京城里，向来有种刻薄的说法，就叫"顽鹞鹰"。那些游手好闲的公子哥儿们，大多提笼架鸟，逐日里只把养鸟作为消遣。其中最叫人看不上的，便是养鹞鹰，既费钱、费时、费力，又对修身养性、建功立业毫无益处。因此，"顽鹞鹰"便成了败家子们无所事事的代名词。

"我收下它，也算是'顽鹞鹰'吗？"李世民扪心自问。这是他即位后的第二年。岷州都督李道彦打败了吐谷浑，关内道行军大总管李靖防备着薛延陀。一向仰仗着突厥势力负隅顽抗的梁师都，也死在了其叔伯兄弟梁洛仁的刀下。随后，梁洛仁献城投降，受封为右骁卫将军、朔方郡公。唐王朝设立夏州，完成了疆域的最后一块拼图。正月，李世民下令毁弃祥瑞，以绝谄媚之路；外放宫女三千人，许其婚嫁自由。二月，他派使者巡行关内，赎回了那些因饥荒被卖掉的孩儿，交还其父母。四月，刀枪入库，马放南山，他下令掩埋了因战乱而曝尸荒野的冤魂。五月，追问辰州刺史裴虔通弑杀隋炀帝之罪，下诏除名，流放驩州。七月，与裴虔通同谋者，并宇文化及余党，尽皆削职流放。八月，他又派人勘察旧案，重审冤狱，直令江山焕然，日月再新。

在李世民的眼前，似有一片盛世景象缓缓展开。四海归一，天下初定，想到这些，他这才纵着性子收下了鹘鹰。

飞鹰走犬，纵马山野，这是他自小难以割舍的爱好。他是帝王，在冬狩时面对群臣，只能曲终奏雅，吟诵出最为典正的文字："烈烈寒风起，惨惨飞云浮。霜浓凝广隰，冰厚结清流。金鞍移上苑，玉勒骋平畴。旌旗四望合，罝罗一面求。楚踏争兕殪，秦亡角鹿愁。兽忙投密树，鸿惊起砾洲。骑敛原尘静，戈回岭日收。心非洛汭逸，意在渭滨游。禽荒非所乐，抚辔更招忧。"

但是，这都是他的真心话吗？不，他其实想说的是："禽荒足可乐，抚辔以忘忧！"

身为君王，他深知不能纵情田猎，那就不妨留下一只鹘鹰吧。《礼记》云："一张一弛，文武之道也。"治国如此，为君亦如此。李世民宽慰着自己，又向鹘鹰口中喂了块鲜肉。

突然，侍者一声恭谨的低语传来，却似平地惊雷，打破了这清晨难得的宁静与惬意。

"启奏陛下，秘书监魏徵求见。"

话音刚落，一个清癯的身影便从廊外转了进来。来人目不斜视，俯首而行。

"混账，为何不早报！"李世民手足无措，眼见着躲闪不及，便转身拉起宽大的衣袖，遮了鹞鹰，藏于怀中，面上浓眉微蹙，半是惊惧，半是恼怒。接着，他闭上眼，深深呼吸几次之后，又转身佯作镇定。

侍者只在一旁掩口而笑，却不敢答话。想当初，如果不是陛下纵容，魏徵怎敢自由出入宫禁？原是李世民常引魏徵在卧榻之侧，咨访政事；又因君臣相厚，特许他不宣而进的。

"微臣参见陛下！"魏徵走得近了，拱手长揖。

"贤卿免礼。近日可无恙？如今前来，所为何事啊？"

"微臣……"魏徵的眼角余光扫过李世民的眉眼、胸前，欲语还休。

"咳、咳，贤卿不必有所顾虑，你我君臣之间，但说无妨。"李世民尴尬地清了清嗓子，用力捂住怀中的鹞鹰，故作轻松道。

"微臣惶恐，微臣……"

李世民见他迟迟不语，心中着急，只想着火速打发了他，便壮着胆子催促道："无妨，无妨，尽管直说。"

"微臣……是来向陛下请罪的。"魏徵说罢，作势便要行跪拜之礼。

李世民愕然，正要伸手去扶，不想怀中一时松了力道，鹞鹰便欲扑腾而起。他赶紧收回双臂，仍抱于胸前，却用眼神示意着近侍前去扶住魏徵。

"贤卿何罪之有？何必如此？快快起身吧。"李世民有些乱了阵脚，但瞥见魏徵似乎并未察觉，便又放下心来。

"启奏陛下，昨日我祭祖回府，听人说陛下要巡幸终南山，宫外的仪仗车马俱已整装待命，但最后却未能成行，不知何故呀？"

"我是有这个打算。你知道我向来喜欢山野，许久不见终南山，心中很是想念。我想，贤卿若在朝中，定会极力阻我出行，那不如趁你不在时，溜出宫去。谁知……唉！到底还是没能去成，怕你嗔怪。"李世民说完，咧嘴一笑。

"微臣惶恐！我听人说：陛下贵为天子，原不该如此忌惮我。怪我万般约束，令天子如笼中囚鸟，举动不得自主。还说……"

"还说什么？"

"还说微臣悖逆张狂，罪不容诛，早晚是要被抄家、灭族的。"

"哈哈哈……"李世民闻言大笑，道，"贤卿，我原以为你是不怕死的。"

"这……此一时，彼一时也。"魏徵攥紧袖口，有些尴尬地说道。

"不过……魏徵，你好大的胆子！"李世民佯怒道，"笼中囚鸟……？你别忘了自己的身份！你凭什么约束我？你的命，是我给的。我要杀你，易如反掌，怎会怕你？我所忌惮的，不过是天理正道，黎民社稷，是你说的那句'水能载舟，亦能覆舟'。"

突然，鹞鹰在他的怀中扑腾起翅膀，一下又一下，撞得他胸口生疼。他顿了顿，面色惨白。

"玄成，"李世民如友人般唤起魏徵的表字，说道，"你不过是说了些应说的话，做了些该做的事，这便是我畏你、用你的原因。你又何必听人妄议，为此自责，与我徒生嫌隙呢？世人皆以为，君临天下，便可无所畏惧。哪知为君者，更应该谦恭自守，上畏苍天，下惧百姓。若帝王自以为尊崇无比，能凌驾于臣民之上，那普天之下，还有谁敢犯颜直谏呢？"

魏徵抬起头来，笑了笑，目色清明，道："孔夫子说从未见过能察觉过失，又能深刻反省的人。如今，微臣竟是有幸见到了。愿陛下常守谦惧之道，则江山永固。"

李世民哈哈大笑，原想取笑他的谄媚，却又撞见他的目光，便下意识地捂住怀里的鹞子，讷讷地出："若无事，便退下了吧。"

"有事启奏，微臣听闻郑仁基之女已于近日完婚，此乃陛下恩典，可喜可贺！"

"郑仁基……之女？"李世民听得有些茫然。

"陛下恐怕是不记得了。这郑仁基是七品京官，家有一女，因貌美贤才名扬京师。皇后为扩充掖庭，令人访得，便向陛下讨旨，请封此女为充华，居九嫔之末。当时宫中所造典册已备，却听说此女早有婚约。陛下仁爱，当即下诏停止册封。此事距今已有半岁光景。"

"原来是她？如此甚好！愿她二人永结同心，

白首偕老。我是天子，理应庇佑百姓，怎能夺人所爱呢？这不过是一念之善罢了，也多亏贤卿及时提醒。"

"微臣当时只是据实以告，不敢居功。自古天子纳嫔，何曾在乎民间婚约？此女尚未婚配，何况册命已下，宫中筹备日久，是陛下力排众议，将其放还的。若非陛下仁德，又怎会有她今日的美满姻缘呢？可见，天子一念向善，便可救人家室。"

"贤卿今日过分谄媚，实在可疑！当初是我不察此事，理应自责。所幸亡羊补牢，未为晚也。贤卿曾说，天子身处明堂，就该考虑百姓的屋宇；食用美味，就该担忧百姓的饥饱；见后宫妃嫔，就该顾念百姓的婚姻。唯有如此，为君者才能致太平、享盛世。朕始终铭记于心。"

李世民说着话，那鹞鹰却在他的袖中焦灼地挣扎起来，尖利的指爪似挠在心间一般，让他不免有些心虚。正考虑着如何打发魏徵，却又听对方说道："臣复命：奉旨恢复瀛州刺史卢祖尚官荫，并妥善安置其子孙。"

"卢祖尚……"李世民闻言变色，顿觉心如擂鼓，如芒在背。

卢祖尚年少有为，曾转任多地，皆政绩斐然，深受百姓爱戴。李世民原是极为看重他的。交州偏在南疆，民风剽悍，一向是他的心病。前些日子，交州都督因贪污下狱，他便有心整治。思量许久，最终选定卢祖尚作为继任刺史。一开始，卢祖尚并无异议，谢恩领旨而去。不料此后竟有了悔意，只推言身有旧疾，不肯成行。李世民恨他出尔反尔，罔顾君威，先是派杜如晦劝行，后又亲自召见，当廷晓谕。谁知卢祖尚竟一意孤行，坚辞不受。李世民勃然大怒，喝道："满朝文武，皆是朝廷命官，今日我若调遣不了你，往后又该如何治理天下？"旋即令人在堂前就地斩杀卢祖尚。

事发后不久，魏徵向李世民讲了一个小故事：北齐有一位青州长史，名叫魏恺，他奉命出使梁朝，回朝复命后，却领了光州长史一职。魏恺十分不满，迟迟不肯赴任。丞相杨遵彦便将此事奏明北齐文宣帝高洋。高洋怒召魏恺入宫，原想大加责备，不料魏恺却说："青州是大州，光州是小州。

我出使归来，有功无过。现在却要从大州改派至小州，如此亏待，我当然不乐意。"高洋耐心地听他说完，觉得很有道理，转怒为喜，继而向丞相请求宽宥。

"高洋固然残暴，但好在肯听人意见。这便是他的长处。"魏徵说完，看向李世民，淡淡一笑。

这句话，至今言犹在耳，字字锥心。瀛州本是中原腹地，温暖宜人，四季分明；而交州地处偏远蛮荒的南疆，气候湿热，多瘴雾。卢祖尚年少有功，却移镇交州，怎会没有怨言？他仍记得，卢祖尚百般推托，是咬牙说"此去交州，定然是有去无回"的。他只知道交州贪墨横行，民生凋敝，亟待贤臣镇抚。但他忘了，即使是贤臣，也是有血有肉、有爱惧、懂得趋利避害的。想到这里，李世民满心愧疚，叹道："玄成，这件事是我做错了。"

"卢祖尚为政廉洁，能文能武，是其功；出尔反尔，抗旨不遵，是其过。功过相抵，陛下亦无须多虑了。如今卢氏后人俱已妥当安排，这便是您的仁慈。人非圣贤，孰能无过？只是……天子之怒，势若雷霆，轻易便可要人性命。愿陛下自此慎言慎行，多作约束。"魏徵垂下双眸，淡淡说来，语气波澜不惊。

"卢祖尚抗命有罪，却罪不至死。"李世民叹道。怀里的鹞鹰仍在挣扎，但他却不再只想着打发魏徵离开了。

"陛下可还记得武德元年孙伏伽上表一事？"

"当然记得。彼时国朝初定，谁都不敢直言进谏，是孙卿开风气之先，所论至诚慷慨，切中时弊。在当时深受父皇赞誉，被拔擢为治书侍御史，赐帛三百匹。"

"孙大人忠直宽厚，微臣亦为之叹服，如今陛下用其为大理寺少卿，也算是人尽其才。"

"我既然能容得下你，又怎会容不下孙卿呢？"

魏徵笑了笑，又道："我还记得，孙大人当时的奏表中有这样一句话：'狩猎应遵循时令，不可妄动。'太上皇刚一即位，便有人献了一只鹞，太上皇爱不释手，收下了。孙大人便责问：'此前世弊事，奈何行之？'"

李世民看向魏徵，神色惨然。

"太上皇好田猎，世人皆知，却不想'入则耽于妇人，出则驰于田猎'是昏君所为。孙大人直言进谏，自然是勇气可嘉。只可惜，太上皇看似从谏如流，为孙大人封了官，赐了赏，那鹞鹰却是好好地养在宫里了。"

"魏徵……"

"靡不有初，鲜克有终。愿陛下好自为之。微臣告退。"魏徵说完，转身离开，踽踽而行。日光落在他的身上，只留下一个小小的影子。

李世民低头，掀起衣袖，只见鹞鹰早已倒在它的怀里，再也不会动弹了。它死了，但身体仍是温热的。原来父皇也是有心纳谏的，只是……靡不有初，鲜克有终。

数月后，唐太宗李世民派遣使臣至凉州，意在犒劳将士，关怀百姓。到了凉州，使臣听说都督李大亮养有一只鹞鹰，品相绝佳，人人称道，多次旁敲侧击，劝他早日献与太宗。这令李大亮心中大为不满，于是写了一封奏表，说道："听闻陛下端谨自持，早已断绝畋猎嬉游之事。如今使臣向我求取佳鹞，陛下知否？若是出于陛下旨意，怕是有违您

李世民低头，掀起衣袖，只见鹞鹰早已倒在它的怀里，再也不会动弹了。

的昔日良愿；若是使臣擅自揣度圣心，希求圣宠，那便是您受人蒙蔽，任用非人了。望陛下明鉴！"

李世民读完，叹了口气，转手便将奏表递与魏徵，说道："'楚王好细腰，宫中多饿死。'我若不彻底断了这念想，便会有多少谄媚之徒横生事端，又令多少守边将士心寒呢？君临天下，竟比凡夫俗子更不自由，可叹，可叹！"

魏徵低头读完，星眸闪动，却是笑而不语。

贞观三年（629）冬十一月，李世民下诏褒美李大亮的忠直，赐御用胡瓶及荀悦《汉纪》一册。

王霸之争

贞观四年（630）孟夏，唐太宗李世民在太极宫的凌烟阁内置办酒筵，与太上皇李渊、诸位皇子、后妃，并近臣十余人共饮。至夜分，星河转换，杯盏狼藉，众人饮兴未衰，只见红烛高烧，舞袖拂花，钟石之声绕梁。

太上皇李渊坐于席首，酡颜映着鹤发，如返老还童般，冠帽欹侧。他轻摇酒杯，神色从容，笑叹道："昔日汉高祖被匈奴围困在白登山，是何等的奇耻大辱。如今，我儿运筹帷幄，忍辱多年，终于一举歼灭突厥，受其十万降卒，尽雪前耻。其余西北诸部自愿归顺，大唐边境从此再无强敌觊觎。四夷君长纷纷上书，要尊我儿为'天可汗'。此等功绩，振奋朝野，光耀千秋，足以慰我平生。"

众人听罢，皆笑逐颜开，举杯共庆，山呼万岁。

所谓"白登之围"，其实是借古讽今，说的正是唐初旧事。颉利可汗挟持隋炀帝之孙杨政道，以复隋为借口，意图伐唐。唐高祖李渊因天下未定，只能暂且忍气吞声，任其予取予求。谁知，突厥竟是贪得无厌，欲壑难填。从武德四年起，便连年侵扰内地，大肆掠夺。四年前，在玄武门事变两个多月后，颉利可汗便亲自率领十余万轻骑，大举进犯，攻破泾州、武功、高陵等地。其间，虽有尉迟敬德领兵阻击，在泾阳小胜，却仍然未能阻止突厥大军东进。八月，李世民登基。二十天之后，突厥军队已逼至渭水便桥北，距离长安城仅数十里。李世民率部驰援，大合诸军，却也只能与颉利可汗隔河相望，斩白马为誓，约定互不侵犯。尽管两国签订了盟约，但颉利可汗仍然数度背约，反复无常，还在暗中支持梁师都，与大唐时战时和。

直到去年十二月，在梁师都被杀、梁洛仁归唐之后，李世民才终于下定决心，趁着突厥势力衰微、诸部叛逃之际，派兵部尚书李靖率十万大军前往讨伐。两个月后，李靖果然不辱使命，上书奏复生擒颉利可汗，灭亡东突厥。随后，四夷君长请求尊奉唐太宗为"天可汗"，总领西北诸部。前日，颉利可汗被押解至京，唐太宗虽然当面责其背信弃义，列举五大罪状，最终却没有痛下杀手，而归还其家小，令其在太仆寺居住，厚给衣食，以礼相待。

太上皇李渊悉知始末，感到无限欣慰，当即修书与李世民，愿邀其共饮，拳拳真情溢于言表。这便有了今日的欢宴。

"世民，"唐高祖举杯敬太宗，说道，"我把这天下托付于你，便也能高枕无忧了。"他仔细端详着儿子，似乎是隔着数年的斑驳光影，才终于将他看清。

博山炉里点着沉香，氤氲一室。李世民却只觉得酸风刺眼，泫然欲泣。这分明是他手染鲜血，踏着尸骸抢来的皇位。如今，总算得到父皇由衷的首肯。他茫然四顾，在一片暖雾凄迷之中，却见魏徵也正向他举杯遥祝，似乎是祝他名分圆满。

李渊不再望向李世民，他侧过头去，向近侍招手说道："去，把我的琵琶拿来。"

少顷，转轴拨弦，几缕清脆圆润的琵琶声自李渊怀中响起，他低笑道："许久不弹，怕是有些生疏了。"说罢，他便抱定琵琶，奏出一曲，声遏行云。

李世民眸光一闪，心中一动。众人也都听出这是新订的《秦王破阵乐》，纷纷随着音乐低唱："四海皇风被，千年德水清。戎衣更不著，今日告功成。"渐渐地，伴奏声起，鼓点雄壮，众人又唱："主圣开昌历，臣忠奉大猷；君看偃革后，便是太平秋。"

这是源于民间的乐府新声，用旧曲填新词，歌颂的是秦王李世民的"功成"与"太平"。这是素来最为李渊所忌惮的东西，是父子之间最初的裂痕。

隋末天下大乱，西北有刘武周依附突厥势力，割据称帝。他专以掳掠为乐，闹得附近民不聊生。武德二年（619），刘武周率兵南侵，联合突厥，欲与大唐争天下，一路攻陷了并州、榆次、平遥、晋州等地。唐高祖李渊先后派李元吉、裴寂率部征讨，皆大败而归。裴寂更是全军覆没，单骑逃出生天。无奈之下，李渊只能下令"弃大河以东，谨守关西"。同年十一月，时为秦王的李世民领命，再次率军征讨刘武周。两军对垒，相持日久。李世民在几番小胜之后，终于一举击溃刘武周，逼其逃亡突厥。武德三年（620），刘武周与突厥内讧，最终为突厥所杀。至此，关中复归于宁静，百姓载歌载舞，遮道狂欢，于是便有了最初的《秦王破阵乐》。此后，随着李世民军功日盛，威望日隆，此乐更加流行，而李渊的猜忌之心也随之膨胀。李世民登基后，改元贞观，下诏由魏徵领衔增撰歌词七首，吕才协律度曲，此乐最终得以收入官方乐府。

如今，《秦王破阵乐》由李渊亲自弹起，管弦繁会，惊落梁尘，竟如梦似幻。

李世民笑逐颜开，仰头饮尽杯中酒。他振衣而起，至殿前，执剑为舞助兴。他身形矫健，气势雄浑，直令满座嗟叹。

魏徵有些微醺，低头沉吟不语。他想起四年前秦王府里那一列列染血的盔甲，想起大殿上尽显疲态的秦王，想起那句"方为太平天子，愿自爱"，又想起齐桓公与管仲的故事。一瞬间，今夕变幻，斗转星移。他分明从那舞剑的身影中，读出了梦想成真的欣喜，也读出了老莱子彩衣娱亲的深情。

歌舞毕，众人抚掌大笑，举杯祝颂，终于尽醉而归。

"再陪我走走吧。"李世民微微笑道。他抓住魏徵的手臂，步履有些蹒跚。

归途中，皓月临池，疏桐清阴。侍者执兰灯在前，李世民与魏徵迤逦在后。

"玄成，我今日竟然有些醉了。"

"'乐极未言醉，杯深犹恨稀。'今日有幸得见陛下起舞娱亲，父慈子孝，其乐融融。席间何人不为之欣喜，为之动容？"

"知我者，玄成也！"李世民停下脚步，叹道，"我从未想过，在玄武门一事之后，我还能与父皇如此开怀畅饮！"

是呀，谁又能想得到呢？一场同仇敌忾、举国欢庆的胜利，就这样拯救了父子二人降至冰点的关系。

去年元月，有僧人法雅妖言惑众，论罪当死。高祖宠臣裴寂亦牵涉其中，遭到免官放还、削减食邑的处罚。临行前，唐太宗怒斥裴寂为政庸常，徒以恩宠博取高位，理应为武德年间的"纪纲紊乱"负责。二月，房玄龄升任尚书左仆射，杜如晦为右仆射，并居宰相之位，史称"房谋杜断"。魏徵也以秘书监的身份参与朝政。至此，贞观群臣总揽朝纲，而武德旧臣已陆续退出历史舞台。同年，李世民为刘文静平反，追复其官爵。凡此种种，于李世民是拨乱反正，在李渊看来，却尽是"孽子"忤逆。

四月，太上皇李渊借口看中了弘义宫的山林胜景，执意从太极宫中搬了过去，把弘义宫更名为大安宫。太极宫本是皇城"大内"，自隋文帝建都以来，始终是皇朝至高无上的权力中心。太上皇李渊从中迁出，明言是天下"付托有所"，愿"养性别宫"，使李世民"正位居极"。只是，这种彻底的放权，有多少是出于自愿呢？

弘义宫原是秦王旧邸。它的兴建，源于李渊对李世民功高震主的忌惮与防范，是以亲厚为名、行流放之实的算计与打压。正是从这里开始，李世民与父兄之间渐行渐远，并最终下定决心发动玄武门之变。

因此，李渊搬往此处，倒更像是诛心之举。不仅如此，李渊还在诰文中把朝臣明确分为"晋阳从我，同披荆棘"与"秦邸故吏，早预腹心"两类。可见，尽管李世民在即位后广纳贤才，甚至重用李建成旧部如魏徵、王珪等人，但李渊仍顽固地将"晋阳旧臣"与"秦邸故吏"做了区分。特别是在新旧交替之际，双方势力此消彼长，让李渊更有故旧凋零、独木难支之感。更何况，李世民在贞观三年以"四大死罪"为名，将李渊最为倚重的宰相裴寂流放静州。这件事更加重了李渊对儿子的怨怼与不满。

从此以后，无力反抗"孽子"的李渊便逐日在大安宫内欣赏莺歌燕舞，绝不肯轻易踏出一步。直到昨日，太上皇才破天荒修书一封，派心腹内侍转交于李世民，恭贺四夷俱服，天下太平。至此，父子之间反复说过的许多场面话，才终于有了些发自肺腑的意味。

风自湖面掠过，太液池中金鳞翻滚。远处的荷叶高高低低，随风卷起又落下，荷香飘散。

魏徵说："只要陛下心怀天下，必然天下归之。太上皇迟早会明白的。若说陛下是'孽子'，那臣便是不肯殉主的贰臣。只是，臣早有言：不做忠臣，只做良臣。愿助陛下成为太平天子，这便是微臣的'仁义'所在。"

"若不能呢？"

"自然是'良禽择木而栖，贤臣择主而侍'了。"

李世民闻言，几欲绝倒。半晌，才忍住笑意，道："与突厥的这场生死战，众人都说赢得漂亮。谁又知道这背后的坎坷艰辛，真是一着不慎满盘皆输啊。"

"微臣驽钝。陛下向来是步步为营，伺机而动，又何出此言呢？"

"玄成，你可还记得？贞观元年，关中饥荒。米价飞涨，一匹绢布仅能换一斗米。百姓流离失所，路有饿殍，甚至有人鬻子而食。贞观二年，蝗灾肆虐，所到之处，寸草不生。贞观三年，黄河泛滥，死伤无数。此外，边境更有强敌环伺，险象丛生。这便是我登基改元后的前三年。如此开局，魏卿以为如何？"

"自然是凶险异常。不过，也正是生机所在。幸得陛下推行仁政，减免赋税，开仓赈灾，休养生息。百姓虽然流离失所，却从未嗟怨朝廷。彼时上下同心，不也都熬过来了吗？"

"说得倒容易。"李世民笑道，"当时为赈济灾民，几乎搬空了国库。岂不是兵行险着？朝廷上下，有多少奏本参你妇人之仁，书生误国，你可都知道？"

"臣是书生，不假！但臣也知道，孙子论兵，善之善者，是不战而屈人之兵！荀子也说'兵不血刃，远迩来服'。陛下只是用尽国库，买的却是天下人心，何其划算！"

"划算？如果当年梁师都联手突厥，要与大唐拼死一搏呢？"

"强弩之末，何足为惧？自颉利可汗即位以来，对内是严刑苛政，百姓不堪其扰；对外是恃强好战，白骨蔽野。就算再次兵临城下，逼至渭水，又如何？最多是如当年那般忍辱负重，徐图后计。至于梁师都，原本就是依附突厥行事的手下败将，何患之有？"

"如此说来，突厥诸部叛逃，梁洛仁杀梁师都投诚，倒也都在魏卿的预料之中了？"

"臣惭愧，若说是谁叛了谁，谁又杀了谁，臣都不能预见。只是自汉末以来，天下割据，尽是短命的王朝。王侯将相，谁不曾横刀立马，权倾天下？最终又有几人能得善终？大乱之后，人人都向往着太平盛世。谁愿意落草为寇，刀头舔血，过着朝不保夕的生活？所以说，民心所向，便是天下大势。突厥倒行逆施，只能是自取灭亡。"

"那这一步棋，我们竟是走对了。想那突厥，也曾兵强马壮，如日中天，如今大厦倾颓，也只是数月之间的事情。魏卿，多亏有你，为我盘活了死局。"

"微臣怎敢觍颜居功？一切皆因陛下仁爱，能于乱世之中推行'王道'。"

"贤卿不必过谦。我能任用你，你也当得起我的信任，你我君臣合力，才有了今日的局面。如今天下太平，国库恢复有望，流民也终于回归故里，一斗米也不过三四钱而已。前日刑部上奏，说作奸犯科的人逐年减少，一年仅有二十九人犯了死刑。从东海，到南方五岭，居家者夜不闭户，路不拾遗，行旅者即便不备干粮，沿途也能得到他人的帮助，不用担心蔬食、住所没有着落。我何曾料想，三年天灾之后，会是这般太平局面。"

"臣说过：越是乱世，便越容易治理。正因为百姓尝尽了苦楚，才会倍加渴望仁政。反倒是承平日久，习以为常之后，难免会有些骄纵。就好比是日日饱食的人，胃口大多挑剔。等到饿极了、渴极了，只觉得入口万般皆好。所以说，创业难，守成更难。"

李世民听罢，笑道："同一番道理，魏卿前后说来，竟是不同的味道。当年是你鼓励我施行仁政，我听得顺耳。如今举国同庆之际，人人都在夸耀朕的文治武功。我却从你的话中，听出了几许'守成难'的劝诫。"

"微臣不敢！若不是陛下时时自警，又怎能听出弦外之音？臣还记得前日朝堂之上，房玄龄大人启奏，说府库甲兵已经远胜隋代，可喜可贺。但陛下却说——"

魏徵学着李世民的模样，踏出一步，身体略作前倾，目光虚扫过千顷湖面的浩渺烟波，状似对百官而言："朝廷军备固然不能松懈，但隋代灭亡，却不是因为甲兵不足。还望众卿各竭忠诚，务使百姓安居乐业。唯有民心所向，才是朕无往而不利的盔甲与武器呀！"

李世民见他动作夸张，脚底虚浮，笑道："怕是玄成也有些醉了。"

"哈哈，夜长陪绮席，不醉欲何为？想来灭突厥，擒颉利，这在陛下眼中，不过是水到渠成的事。如今四夷臣服，拱卫大唐；番邦朝觐，衣冠混同，这才是陛下得意之处！"

"也正是贤卿的功劳所在！只可惜……"李世民若有所思地叹道，"封德彝已经驾鹤西去，不能见此盛景。否则……他会向你低头认输吗？"

那是武德九年（626），李世民刚登基，他一心想要改弦更张，推行教化：对内以德服人，对外怀

李世民见魏征动作夸张，脚底虚浮，笑道："怕是玄成也有些醉了。"

敌附远。只是考虑到天下未定，百姓离散，他又有些担心时机不对，若强推"仁政"，反而助长凶孽悖行。为此，他专门召集群臣论政，便有了魏徵与封德彝之间有关"王道"与"霸道"的著名论争。所谓"王道"，指的是施行仁政，以仁义治天下。而"霸道"与之相反，认为君主要倚重武力、刑法、权势等，以威压维护统治。自然，在朝廷百官中，魏徵是唯一赞成施行王道的人。而宰相封德彝，则是激烈反对魏徵的代表人物。

李世民还记得，当魏徵悠悠然地说出"偃武修文，中国既安，四夷自服"之类的话时，朝堂竟一片哗然。宰相封德彝双眉紧皱，怒目望向魏徵，像是要用目光剜去他的唇舌。他怒斥道："一介书生，不通时务，满口虚言妄语。若行此道，必定败坏国家！"

饶是如此，封德彝用以反对魏徵的理由，却显得无比可笑。说什么夏商周以降，民风日渐浇薄，诡诈丛生，所以秦始皇专任刑法，是为"霸道"。汉代君主虽好黄老之学，却也杂用"霸道"，威慑万民，开疆拓土。李世民还记得，封德彝青筋暴起，逼问魏徵："难道是历代君王能施仁政而不愿为之吗？不，是力不从心罢了！"

反倒是魏徵，仍是一副气定神闲的模样。只见他荡开双手，轻拂衣袖，似漫不经心地答道："若真是世风日下，那从秦汉至今，百姓愈发堕落，便早该化为魑魅魍魉，横行人间了吧？如此，即使是圣王再世，又怎能得见太平？"

"你……"

封德彝一时语塞，魏徵却不愿轻易放过，又说："昔日黄帝征讨蚩尤，颛顼诛杀九黎，商汤放逐夏桀，武王讨伐商纣，都是在大乱之后，重建盛世。百姓仍是那些百姓，并未改变。只是，他们曾在暴君的统治之下叫嚣反抗，却又在三皇五帝的新政里安居乐业。为何？"

至此，封德彝已答非所问，只能重复说着"书生误国"之类车轱辘话。

李世民忍俊不禁，渐渐回过神来，望向魏徵，佯怒道："小小谏议大夫，竟敢顶撞当朝宰相！"

"谏议大夫，专掌议论，职责所在。上不避君王，何况宰相？当年陛下与群臣所论，本是大道之始。贞观画卷，由此展开。若微臣只是唯唯诺诺，那陛下便失了唯一的盟友。只可惜，'仁爱'二字，多少人明里尊崇，暗中腹诽？都道是腐儒酸丁之言，迂阔乖谬，难以施行。却不知，人生而脆弱，唯有合力互助，方能赢得更大的生机。这便是'家国'的真谛。"

大约二百年后，晚唐诗人杜牧路过长安城朱雀街东永兴坊太子太师郑国公魏徵旧宅，提笔写下《过魏文贞公宅》："蟪蛄宁与雪霜期，贤哲难教俗士知。可怜贞观太平后，天且不留封德彝。"诗人把封德彝比作"不知秋"的蟪蛄，斥之为"俗士"，赞赏魏徵是高洁的圣哲。诗中所论，便是这场王道与霸道之争。

会须杀之

"不好了，不好了！皇后娘娘——陛下龙颜大怒，说、说是要杀一个人！"

宫女们跌跌撞撞地闯了进来，一个个花容失色，面如死灰。

长孙皇后正坐在内室，闲拈针线，为即将出阁的长乐公主绣一床鸳鸯锦被。一晃神间，手中的绣针便狠狠地扎在了指尖，滚出一滴温热、鲜红的血珠来。

"大呼小叫，成何体统！"她有些气恼，但见宫人跪地缩作一团，便缓了缓语气道，"到底出了什么事？好好回话。"

"……回禀皇后娘娘，不知何人惹怒了陛下，陛下他、他刚一回宫就要杀人！"

"这一路已经打砸了许多东西，奴婢们不敢劝，只好……"

话音未落，李世民已掀起珠帘，大步流星地迈了进来，果然是一副怒发冲冠的模样。一瞬间，众口喧嚣皆归于宁静，只有他甩在身后的琉璃珠串仍在叮叮作响。

长孙皇后与他见了礼，指尖的血珠染在袖口，似一朵绽开的小小红梅。李世民眼疾手快，伸手把长孙皇后拉了过去，一边用指腹压紧伤口，一边问："怎么又扎伤了？这锦被……不绣也罢！"

"不碍事的。"长孙皇后笑着缩回了手，轻轻拭去血迹，道，"这是我为长乐绣的喜被，快要完工了。你看——"

新裁的蜀锦平铺在绣框之中，显出耀眼的红色。五色丝线穿插其间，绣出了春水绿波，鸳鸯交颈。一旁还丢着只金斗，用来把细密的针脚熨平展。这是长孙皇后初嫁女儿的心情，焚膏继晷，既悲且喜，在最诚挚的祝福中蕴藏着最深切的不舍。

李世民怔怔瞧着，忽然间心头火起，又咬牙切齿地说道："我就该杀了那个乡巴佬！"

天子震怒，又是一番虎啸龙吟。

窗外，风起，惊走一只黄雀，摇动春深的海棠，繁花似雨，纷纷洒洒。

长孙皇后走上前，轻轻按住他握着的拳，盈盈笑道："我见院子里春光催人，陛下想要去练剑吗？"

李世民一愣，随着皇后的眼波，看向满地瑟瑟发抖的宫人，有些尴尬地点了点头。

宫墙外，魏徵正与尉迟恭并辔而行。马蹄铁一迭声地敲在青石路上，伴着马颈上的小小铜铃的声音，清脆悠扬，婉转如歌。此时正是疏雨黄昏后，天街行人少。魏徵吟着歌诗，斜跨马鞍，仍是一副玉山将颓、白眼望青天的萧散做派。身旁的尉迟恭却浓眉紧锁，不时瞟他一眼，小心翼翼地问道："刚才你在朝堂为何分毫不让？他毕竟是天子……"

天子之怒，伏尸百万，流血千里。

尉迟恭还记得，李世民先前在武功县的庆善宫设宴款待近臣。这是太宗出生、成长的地方。席间，有人赋诗，有人奏乐，好不风雅。群臣共贺之际，李世民也随口吟了一首《幸武功庆善宫》，诗曰："弱龄逢运改，提剑郁匡时。指麾八荒定，怀柔万国夷……共乐还乡宴，欢比《大风》诗。"

想当年，楚汉相争之际，项羽弃了关中而去，为的是那句"富贵不还乡，如衣锦夜行，谁知之者"。汉高祖刘邦一统天下，途经沛县时，也特意召家乡父老共饮，慷慨陈词，作《大风歌》曰："大风起兮云飞扬。威加海内兮归故乡。安得猛士兮守四方！"如今，李世民自比汉高祖，眉眼间也尽是扬眉吐气之态。天子衣锦还乡，与股肱之臣诗酒风流，这本该是一段宾主尽欢的佳话。

只可惜，尉迟恭一介武夫，对歌诗毫无兴趣，只顾着喝酒。一杯，一杯，复一杯，终于是醉了。他茫然四顾，隐约见有人坐在他的上首，却不记得此人是谁。天子设宴，一向是论功排序，功劳越大，位次越靠前。尉迟恭自问一生戎马倥偬，立功无数：他曾浴血沙场，救过陛下；他曾孤身追击，杀了齐王。如此功绩，怎能甘居人下？

尉迟恭登时恼怒起来，扯住眼前那个模糊的身影便问："你是谁，有何功劳？凭什么坐在我的上首！"他越想越觉不忿，喧嚷之间，便要动手。任城王李道宗恰好坐在他的下方，见势不妙，赶紧拉住他，好言相劝。可尉迟恭偏偏醉得厉害，只嫌任城王太吵，转身就是几记老拳，差点儿把任城王的眼睛给打瞎了。

席间顿时乱作一团，李世民怒不可遏，差点儿就要差人拿下这个满嘴胡话、惹是生非的醉鬼。幸亏魏徵从旁劝解，李世民最终拂袖而去。

想到这里，尉迟恭仍然觉得心有余悸。他一向居功自傲，惹过不少祸事。可唯有这一次，天子的雷霆之怒，真正令他胆寒。他看向魏徵，勒紧缰绳，低声问道："你可还记得那日庆善宫的事吗？我醉酒胡闹，失手伤了人。"

"当然记得。伤的是任城王，陛下的堂弟。"

"唉……陛下后来又单独召见我，你猜他都说了些什么？"

魏徵挑眉不语，却是饶有兴味地望了过去。

"陛下说，汉高祖滥杀功臣，他原是瞧不上

的。只愿与我等同享富贵，福泽子孙。但是……"他顿了顿，把声音压得更低了，说："他近来觉得，汉高祖诛杀功臣，把韩信、彭越剁成肉酱，或许是逼于无奈。"

"你是怕陛下会杀了你？"魏徵有些忍俊不禁。

"我是怕他一怒之下，会杀了任何人！你想想卢祖尚，再想想张蕴古。尽管陛下事后追悔，又有何用？人死不能复生。"

"放心好了！'飞鸟尽，良弓藏；狡兔死，走狗烹'，这不是陛下会做的事情。虽然他错杀了张蕴古，却也有心弥补，规定在京师判处死刑，需要五次复奏，在地方州县也要三次复奏。目的就是要留出足够的时间容他、容各级官员冷静思考。"

"古往今来，哪有什么制度能真正约束君王？'死罪者三奏而后决'，这是隋文帝立下的规矩。但他自己从不守法，照样是滥杀功臣。王谊、梁士彦、宇文忻、刘昉、元谐、虞庆则、史万岁……哪一个不是朝廷栋梁，不都成了刀下亡魂？说什么死刑复奏，不过是徒有其表，形同虚设罢了。"

"陛下因错杀卢祖尚、张蕴古而自责，有意自我约束，确立死刑复奏制度，这是天下之幸。为人臣者，便该竭忠尽智，促成此事，哪能畏首畏尾，逡巡犹豫呢？此法初立之时，执法者大多敷衍塞责，流于形式，以至数日之内，便已完成三次复奏。陛下窥见苗头，便在去年十二月初二追加诏令，严格规定了复奏的时间间隔。这难道不能说明他的诚意吗？"

"他是天子，生杀予夺只在一念之间。当初刘文静醉酒胡闹，太上皇便治了他的谋逆之罪。如今，陛下也说，国家纲纪，原该赏罚分明，先前饶过我许多次，都是法外开恩。从今往后，我若再犯，便要叫我追悔莫及……"

"敬德，你追随陛下征战多年，出生入死，君臣之间，自然是有些情分的。只是国有国法，家有家规。你如果还不知道收敛，迟早要吃大亏。说起来，你那日也确实有些跋扈，叫在场众人都吓了一跳！任城王是大唐宗室，军功显赫。他的座位在你的后面却不曾与你相争，挨了你的打，也不还手。河间王是陛下的堂兄，他灭萧梁，俘朱粲，功盖一时，竟然也不能坐在你的上首吗？你倒好，一个外姓国公，坐在宗室之间，竟还不满足，三拳两脚便毁了一场欢宴。如此说来，倒该狠狠地罚你！"

"玄成，你果然是有些招人厌。"尉迟恭不耐烦地哼了一声，道，"谁都是在人前把好话说尽，在背后把坏事做绝。你倒好，偏要反其道而行之，何苦呢？若不是亲眼看见你为我周旋，我倒要以为你是个落井下石的人。你看那侍御史权万纪、李仁发，一味弹劾朝臣，阿谀媚上，照样因'直言敢谏'受赏。那倒霉的张蕴古，不就是权万纪告发的？如今张蕴古人死灯灭，权万纪也不曾受罚。你呢？几次三番维护朝臣，偏要与陛下作对。纵然得了个'直言敢谏'的名声，陛下心中能没有疙瘩？我见他杀了你的心都有了！你真不怕死？"

魏徵听着这般推心置腹的话，不禁有些感动，笑道："信言不美，美言不信。敬德说的话虽然不好听，但在下知道：良药苦口利于病，忠言逆耳利于行。"

"所以，你是愿意改了？"

"但求问心无愧！"魏徵疏懒地笑着，望向天街尽头，只见半竿高的落日似火烧一般，燃透了长安的天空，绚丽如画。

与此同时，皇宫内，花树下，一个舞剑的身影正袍袖翻飞，飘逸矫捷。只可惜剑锋过于凌厉，招招逼人。剑影掠处，尽是落英缤纷。

长孙皇后倚树而望，见李世民似有雷霆之怒，便暗自猜想着，今日惹恼陛下的人，究竟是谁呢？

落日西颓，李世民收了剑，走了过来，薄衫已经汗湿大半，留下一片汗渍。

风，有些大了。长孙皇后迎上前去，替他披了长衫，拭去汗珠，又递上温热的茶盏。一举一动之间，不过是十数年如一日的默契罢了。

李世民却是僵立原地，神色黯然。半晌，才低低说了声："皇后，你辛苦了！"

长孙皇后有些诧异，却也不敢多言。她摇了摇头，杏眼含波，丹唇带笑，仍是不住地窥视着龙颜的晴雨变幻。

"凡事不必件件躬亲，要当心身体。"他抬起手，替她拂去鬓角、肩头的落花，忽然叹道："是我对不住你们……"

长孙皇后脑中闪过一个念头，想起前几日李世民也是这般阴郁，不由得问道："陛下还在为长乐的婚事生气吗？"

长乐公主名唤李丽质，是唐太宗与长孙皇后的长女，未及笄时便受封长乐郡。如今，她就要出嫁了，嫁的是齐国公长孙无忌的嫡长子，宗正少卿长孙冲。李世民爱女心切，恨不能摘星揽月，作她的嫁妆。奈何宫中嫁娶，凡事皆有定制。他为此终日愁眉不展，反复在朝堂诉说着心中悲苦。百官听得多了，谁不知情识趣？纷纷顺水推舟，都说长乐公主的嫁妆应该按永嘉长公主的两倍置办。李世民得偿所愿，旋即以"顺应民心"的姿态，欣然下诏。很显然，这是一场帝王与朝臣的"共谋"，谁也不愿打破默契，除了魏徵。

在朝堂之上，众目睽睽之下，魏徵对着心花怒放的天子，讲了一个不合时宜的故事：东汉时期，汉明帝为各位皇子分封，分给儿子们的土地只有他的兄弟们的一半。旁人不解，问及原因，他说：

"我的兄弟们，都是先帝的儿子。如果我儿子们的封地多过我的兄弟们，那便是我僭越了。"

这只是一个寻常的故事，却过于贴合语境。汉代为诸王分封土地，一如唐代为出嫁的公主建府、封邑，筹备嫁妆。长乐公主是李世民的女儿，永嘉长公主却是李渊的女儿、李世民的妹妹。这个背景下，魏徵的那番话说出来，自然有着惊天动地、振聋发聩的效果。

所谓"逾制"与"僭越"，李世民不是不懂，但他宁愿掩耳盗铃。他是父皇，长乐是他与爱妻的掌上明珠。他只愿她风光大嫁，尽可能地享受他所赐予的无上荣宠。他绞尽脑汁，生造了"民意"，自以为天衣无缝，无懈可击。可偏偏是魏徵，胆敢撕去一切伪饰，令他如此狼狈。他要么承认是"无心之失"，从谏如流，迅速改正；要么，便做一个独断专行的昏君。他不得不承认魏徵是对的，只能悻悻地收回成命。不过，他恨透了魏徵的"不识相"，恨他在朝堂咄咄逼人，寸步不让。

李世民的神色凝滞了数秒之后，口是心非地答道："皇后多虑了，此事与长乐无关。"

"那陛下想要杀的人，是魏徵吗？"长孙皇后见他神色闪躲，又追问道。

"……是！"

"为什么？"

"因为这乡巴佬太不识抬举了！当廷顶撞，冒犯天威，难道还不该死吗？"

"可是……"长孙皇后有些迟疑地问道，"陛下一向看重魏徵，赏识他的忠直敢谏。一个月前，您还说他不可或缺，是一日也离他不得的呀……"

李世民一愣，想起尚书右仆射李靖曾向他建议把魏徵外派，作为钦差大臣代天子巡行地方。当时，李世民一口回绝，说离不得魏徵，最后竟把李靖给派了出去。

"此一时，彼一时也。"李世民负手而立，余怒未消，只摆出一副"无须多言"的抗拒姿态。

长孙皇后无奈，只能先告退。在心里，她却已打定主意，绝不会让李世民杀了魏徵。

作为妻子，她比任何人都更早地发现了丈夫娇宠女儿的私心。然而，她只想迂回地打消丈夫这个念头。不经意间，皇帝的这个念头潜滋暗长，只有魏徵独自在朝堂力挽狂澜。为此，她特意遣人赏了魏徵许多钱帛，嘉奖他的忠直。

残阳隐没，月挂疏桐。长孙皇后在内室踱着步，她命人打开衣箱，找出最为庄重的朝服——袆衣。深青色的衣料，有黑色纱縠、素纱夹里，翚翟形的纹绣自深红色衣领处展开，衣服上配的一双白玉，在月色中显得愈发端稳沉静。转眼间，她计上心来。

庭院中，李世民正踏月归来。忽然抬头，见长孙皇后身着朝服，凌波微步，翩翩而来。她一身雍容华贵，鸣珰丁冬，十二步摇斜插云鬓，龙凤珠翠倒映花颜，竟有一种不似在人间的恍惚之感。

"皇后如此打扮……是何意？"他目瞪口呆，茫然地问道。

按照唐代的礼制，皇后的服饰有朝服与常服之分。顾名思义，朝服是为重大场合准备的，比如大婚时接受册封、重要节日协助天子祭祀、朝会时接见百官等。至于常服，才是为日常起居准备的。此时霜月泻地，又在深宫内苑，皇后一身朝服，任谁见了也是如堕五里雾中。

"陛下今日有喜，臣妾恭贺。非着朝服，不能显其庄重。"长孙皇后笑得明艳动人。

"喜从何来？"

"陛下有魏徵随侍左右，太平盛世，指日可待。"

"不过是个乡巴佬而已，皇后言重了！"李世民又有些恼怒。

"请问陛下，夫妻之间与君臣之间，哪种关系更要亲近？"

"自然是夫妻。何况你我十数年……"

"可臣妾明知陛下僭越，却不敢直言进谏。满朝文武，为了讨陛下欢心，对此事竟也一言不发。唯有魏徵抗颜直谏，这样的大臣，不是忠臣是什么？"

"他不该如此放肆！"

"听说魏徵从未如尉迟恭那般大闹朝堂，也从未如李靖那般纵容手下，您忍得了尉迟恭、李靖，为何忍不了魏徵？"

长孙皇后道:"陛下有魏徵随侍左右,太平盛世,指日可待。"
李世民又有些恼怒:"不过是个乡巴佬而已,皇后言重了!"

"皇后……"

"敢问陛下，刚才您冲冠一怒，宫中有谁没被吓破胆？即便是臣妾，也只能察言观色，不敢轻易触犯逆鳞。如今，还有人敢冒死直谏，陛下不该珍惜吗？"

李世民沉默不语。

"更何况，长乐自幼知书达理。纵然您为她争取到'逾制'的荣宠，这对她而言，究竟是尊荣，还是耻辱呢？"

"好了，我都知道了，回去吧。"李世民扶着皇后，沿着回廊往内室走去。

廊前的海棠被风吹落。一片花瓣飘飘悠悠，落在她额前的碎发上，轻颤着，在她眉心投下椭圆的阴影。转眼间，却又被风吹远了。

此后，唐太宗怒骂"会须杀此田舍翁"而长孙皇后朝服进谏的故事，便在后世广为流传了。元代诗人郑元祐曾写诗叙说此事始末，曰："贞观圣人还紫宫，按剑欲杀田舍翁。翁本帝仇今作辅，逆鳞易批难论功。后闻君言心惨恻，自古君明则臣直。直臣脱若死无辜，贱妾一身亦奚惜。"而太宗所骂的"田舍翁",指农村里的庄稼汉,相当于"乡巴佬",这也成为后世吟咏魏徵的重要典故,如"古来几魏徵,死为田舍翁"(方回《杨村秋晓》),"千秋万岁为唐宗,老臣不讳田舍翁"(张宪《代魏徵田舍翁词》)等。

魏徵妩媚

　　贞观六年（632）闰八月初四，唐太宗在太极宫的丹霄殿大摆筵席，宴请近臣。

　　大殿的正中央，一位康国的胡旋女子正在小圆毯上翩翩起舞。圆毯很小，直径不足两尺。舞姬的一双赤足光洁如玉，在圆毯上纵横腾踏，却能始终不出其范围。她身着窄袖舞衣，戴着环佩鸣珰，踏着急促而激越的鼓点，时而急旋，时而低昂，身形摇曳生姿。她的双臂缠绕着五色长巾，足有一丈余长。长巾绕着她凌空飞舞，仿佛是舞者足底生风，吹动得衣带飘扬，那情景恍若飞天。伴奏的乐器以打击乐为主，既有节奏急促而刚劲的羯鼓、铙钹，又有乐音清隽悠扬的中原竹笛，刚柔相济，韵味无穷。

魏徵眯起双眼，手指随着舞曲的节奏，轻轻扣在紫檀案上。他听着用中原清商乐改编的西域舞曲，眼见一位盛装打扮的胡姬，在皇宫大内跳了一支绝美的胡旋舞，翩若惊鸿，婉若游龙。无论是中华，还是夷狄；无论是雅乐，抑或是新声，都在这里百花齐放，争奇斗艳。这是盛唐的先声，得益于君王的宽容、仁厚，涵养出吐纳日月的新气象。

四年前，太常少卿祖孝孙上奏新声，仍是以雅乐为主。唐太宗对此极为不满。他在朝堂发问："《礼记》云：'治世之音安以乐，其政和；乱世之音怨以怒，其政乖；亡国之音哀以思，其民困。声音之道，与政通矣。'可是，区区声乐，真的能够反映国运的兴衰？这普天之下的音乐，难道真的都是圣人为政教而设，用以约束民心的吗？"

"启奏陛下，若从前代兴亡来看，确实是这样的。"御史大夫杜淹答道，"陈国将亡，宫人齐唱《玉树后庭花》；齐国将灭，举国流行《伴侣曲》。这两首曲子悲怆凄恻，听者莫不堕泪，正是'亡国之音'呀。音乐确实是与国家的治乱兴亡息息相关的。"

"可惜，可惜呀……"李世民拿起祖孝孙的奏本，叹道，"再美的音乐，若传唱千年，也早该乏味了。前朝的雅乐流传至今，或多或少都已融入了历代新声。上古三代真正的雅乐早已飘渺难寻，不过是在典籍中留下了些只言片语。如今，朝廷新定音乐，若还只是一味追求雅正，岂不是画虎不成反类犬？"

李世民的话音似投石入湖，在朝堂引发了阵阵骚动。自先秦以降，音乐与政教的关系便密不可分。吴国公子季札在鲁国观乐，从《诗经》的国风听到雅、颂，又听到上古三代的圣王之声，最终把虞舜时代的音乐作为典范。理由是音乐中反映出了"德至"，尽善尽美，令人叹为观止。很明显，这是把音乐降格为政教的附庸，排斥一切令人赏心悦目的享受。这种主张，高举"复古"的大旗，溯流而上，自带层层滤镜，将遥不可及的上古三代，粉饰为一个完美的幻境：那时民风淳朴，圣王垂拱，唱响在神州大地的音乐无不温柔敦厚，感育人心。这套说辞无疑是偏狭、虚伪的，却始终在历史长河中牢牢占据主流。千载之间，唯有嵇康那般离经背道者，才敢大声说出"声无哀乐"，主张不分清浊、正邪，一视同仁。在嵇康看来，即使是被视为"淫邪"的郑、卫之音，也有其存在的价值。

只可惜，朝臣的劝谏此起彼伏，说出的全是"音乐有正声与奸声之别。用奸声，逆气呼应，乱象丛生；用正声，顺气相应，天下大治""……君子耳不听淫声，目不视女色，口不出恶言。此三者，君子慎之"之类的车轱辘话。

李世民扶额不语。他抬眼望去，在一片惊诧、闪躲、焦虑的目光中，只有魏徵神色清明，迎着他颔首微笑。这个散漫而不拘礼节的老臣，也许是他唯一的支持者。

良久，汹涌沸腾的声潮逐渐退去，唐太宗却似顽石般不为所动。他挺直后背，舒展双臂，缓慢而坚定地说道："人的悲喜在于人心，怎么会轻易受到音乐的影响呢？快乐的人听见悲歌，仍然会觉得快乐；悲伤的人，即使听见欢快的歌曲，也照样会不开心。如果一个人生逢乱世，流离失所，那么，所有的音乐在他耳中，只怕都如凄风冷雨般悲苦。

明明是人心的期望被残败的政局消耗殆尽，只留绝望，我们怎能对此视而不见，反而去怪音乐扰乱了人心，覆灭了家国呢？如今，《玉树后庭花》与《伴侣曲》仍然留存于世。朕愿为众卿演奏，如今国家强盛，四海清平，想必不会有人再为之感伤落泪了。"

一时之间，满朝愕然。唯有魏徵施施然出列，声援道："古人论'乐'，难道仅限于钟鼓丝竹吗？波斯的唢呐、龟兹的曲项琵琶、西凉的竖头箜篌、高昌的羯鼓……诸如此类，音色各异，各擅胜场。如果能融为己用，各取所长，岂不美哉？陛下曾说过：'自古皆贵中华贱夷狄，朕独爱之如一。'既有如此宽阔的心胸，又何必排斥外族的音乐呢？同样，国家富足、强大，又何必排斥那些柔和、妩媚的音乐呢？臣以为：声乐的雅正，在于人和，与音调无关。"

"好，就这么说定了吧！"盛年的君王容光焕发，一锤定音。

太常少卿祖孝孙领命，用了十年的时间，广泛收集、整理、改编各地音乐。在秘书监魏徵的协助下，朝廷最终以古代雅乐为基础，融合南朝的吴楚之音与北朝的胡戎之伎，在贞观十六年（642）确立了"十部乐"。这是唐朝的宫廷宴乐体系。其中，自汉代以来的中原传统乐舞归入清商乐，以《秦王破阵乐》为代表的当世新声则归入燕乐。其余八部全都源自异域，分别是西凉乐、高丽乐、天竺乐、龟兹乐、疏勒乐、康国乐、安国乐、高昌乐。自此，以《玉树后庭花》为代表的"亡国之音"在唐代沿用不禁。至晚唐，诗人杜牧才有机会感叹："商女不知亡国恨，隔江犹唱后庭花。"

乐舞的鼓点似急雨滔滔，戛然而止。魏徵回过神来，只见胡旋女已敛衽而退。随后，一场歌舞又在殿前缓缓展开，乐器有箜篌、琵琶、筝、铃鼓，排列得高低错落。一瞬的宁静之后，几双纤纤玉手攀上了竹管，抚上了清弦。音乐似秋竹乍裂，春冰坼塌。伴着前奏，十七八岁的歌女轻启檀口，吐出清音，唱着陈后主的《玉树后庭花》。歌曰："……妖姬脸似花含露，玉树流光照后庭。花开花落不长久，落红满地归寂中。"乐声轻柔婉转，缠绵悱恻，叹息着美人如花，容颜易逝。

奈何酒过三巡，殿上的众人正忙着推杯换盏，一个个面酣耳赤，哪有半点伤春悲秋的神色？席间，有人浅酙低唱，有人击节而歌，有人侃侃而谈。一眼望去，尽是欢乐逾常。

唐太宗环顾四周，举杯笑道："这'亡国之音'响彻大殿，众卿竟也无动于衷。果然是魏徵说得好：乐在人和，非由音调。陈后主偏擅诗乐，不会治国，平白让这天籁之音背负如此不堪的骂名。朕不愿再见广陵绝响的遗憾，望众卿与我戮力同心，共谱升平！"

旋即，《梁鞞舞歌》又在殿前唱起，响遏行云。这是一首歌颂明君盛世的庙堂之曲。粗眉虬髯的关西大汉敲着鼙鼓，与明眸皓齿的女子递相唱和，曲风舒缓而舞容劲健，俨然是一幅娴雅从容的盛世图景。

"……淮海无横波，文轨同一土。乐哉太平世，当歌复当舞！"众人呼应，声势浩荡，殿内一片欢腾。

中书令温彦博却显得有些疏离。他抿着唇，望向过分自信的君王与众口颂圣的臣子，感觉像是正午的阳光在心间投下了微不可察的阴影。他一向思虑深重，防微杜渐，这时终于忍不住劝道："若陛下能始终如贞观初年那般行事，则太平盛世指日可待。"

他说"贞观初年"，言外之意，便是对当今的政事颇有微词。温彦博出身太原温氏，是世家大族。他为人正直，却又端谨守礼，所追求的自然是意在言外，点到即止，绝不会在殿前数落君王的过失。

没想到，唐太宗却收了笑意，凝神正色，追问道："朕近来为政，可是有所懈怠？"

温彦博一时语塞，面露难色，只能左顾右盼，三缄其口。朝堂欢腾的气氛也随之变得凝滞。众人沉默着，都在期待一个引人发笑的契机，能够把眼前的尴尬不动声色地遮掩过去。席间，有人跃跃欲试，绝妙的笑话到了嘴边，却在望向太宗时生生咽了回去。只见李世民目光炯炯，环顾四周，仍在执拗地等着答案。

"贞观初年，陛下厉行节俭，勤于朝政。常引我至内室，咨商求谏，终日不倦。近年来，却听说各处渐有大兴土木之势。我再如以前那般直言进谏，也会触怒陛下……若您还如当初那般，该多好呀！"魏徵的声音慵懒随意，却显得异常清晰。

大殿里，君臣相望，默然无语。原本低回婉转的清商乐像是在瞬间拔高了音量，愈发显出四周的空旷与寂寥。

魏徵抬手摸了摸颈脖，像是后知后觉地担心起项上人头了。李世民"会须杀此田舍翁"的怒火，虽然被长孙皇后浇灭，但天子震怒的消息仍不胫而走，传遍了朝野。

"陛下，这人醉了，尽说些胡话！"尉迟恭讪笑着，鼓起勇气替魏徵打了个圆场。

"哦？"李世民语调上扬，眯眼看向魏徵，不置可否。

魏徵并不领情。他低垂双眸，却把脊背挺得笔直，道："微臣没醉。"

李世民面色宁静，似古井无波，转而向侍中王珪笑道："叔玠，你识人准，口才又好，不如趁着今日，也学那魏晋风流，为朕把诸位宰相品鉴一番，可好？自然不能漏了你自己。"

魏徵抬手摸了摸颈脖。李世民"会须杀此田舍翁"的怒火，虽然被
长孙皇后浇灭，但天子震怒的消息仍不胫而走，传遍了朝野。

贞观二年（628），魏徵由尚书右丞升任秘书监，奉命参豫朝政，已成为事实上的宰相。两年前，杜如晦病逝，李靖继任尚书右仆射。同年，戴胄以民（户）部尚书的身份，也奉命参政。由于唐朝实行"群相制"，所以，此时的宰相共有六位，即三省的四位长官与奉命参政的两位大臣，分别是：尚书左右仆射房玄龄、李靖，中书令温彦博，门下侍中王珪，以及魏徵、戴胄。

王珪拜揖领命，环顾四周，笑道："若论勤勉踏实，我不如房玄龄；运筹帷幄，我不如李靖；妥帖周全，我不如温彦博；雷厉风行，我不如戴胄。而魏徵唯恐陛下比不上尧、舜，一向直言规劝，没有避忌，便是谁也不如他的。至于我，如今尚能助陛下辨别清浊，惩恶扬善，也算是略有所长。"

"哈哈哈哈，说得不错！"唐太宗听出了他的弦外之音，抚掌大笑。霎时，殿前似有一阵风吹散了压顶的乌云，凝滞的欢声笑语又在席间重新流动起来，压过了先前歌儿舞女的指底商风、飘飘舞袖。

李世民眼见群臣的悲喜如折扇般，因他合拢又展开，感觉有些惆怅。他想起某个大雪初晴的午后，魏徵对他说起"邹忌讽齐王纳谏"。那时，魏徵坚称要做一个良臣，而不是忠臣。从始至终，多少次朝堂论政，魏徵都是他唯一的反对者，抑或是支持者。此人执拗而刚强，曾令他颜面扫地，却也曾陪他筚路蓝缕，以启山林。无论是王道与霸道之争，还是"乐在人和，非由音调"的论争，幸亏有魏徵，他才能勇往无前，铺写了如今升平盛世的底色。

李世民有些自嘲地笑了。他声如洪钟，当众反省道："原来玄成说得不错，朕近来确是有些懈怠了！"

"微臣无意冒犯陛下，只是……"魏徵眸光一闪，道，"您可还记得当初读完《隋炀帝集》，曾是怎样的感受？"

隋炀帝龙舟千里，霸业成空。谁能料到，那位吟出"流波将月去，潮水带星来"的雍容帝王，最后只能对镜哀叹，道："这般俊美的头颅，会由谁砍了去呢？"所谓穷途末路，不过如此。如今，一代雄主的葬身之地，只留斜阳衰柳，风吹杨花，如雪似梦。

　　那是贞观二年的暮春，李世民掩卷长叹，问众人："隋炀帝分明有雄才大略，一心想要做尧、舜，可为何行事却偏偏如桀、纣那般残暴呢？"

　　魏徵答道："即便是最圣明的君王，也该虚怀若谷，海纳百川。可惜隋炀帝目空一切，自恃天纵英才，刚愎自用，所以行事才会与他的言论背道而驰，落得身死国灭的下场。"

　　闻言，李世民心有戚戚，脱口而出："前事不忘，后事之师。"

　　没想到，数年之间，这段往事便有些褪色了。李世民有些尴尬地笑道："朕明白了。治理国家如同治病，眼见着就要痊愈了，便更该仔细调养，如果不管不顾，立即就如健康人那般恣意放纵，一旦旧病复发，便很难再救回来了。如今，中原安定，四夷俱服，这是自古以来少有的太平景象，难免会使人心生骄纵。朕不愿重蹈前朝覆辙，理应愈加谨慎，每日三省吾身，以期善始善终。"

　　"若陛下不忘初心，定能比肩尧舜，成就大业！"魏徵举杯祝颂，道，"以前，即使天下河清海晏，八方升平，臣也从来不曾为之欢欣鼓舞。因为一时的盛景，未必能保大唐江山永固。如今，陛下居安思危，虚怀若谷，老臣深感是天下之幸。"

长孙无忌捻着须，饶有兴致地旁观着。他想，这世间恐怕不会再有臣子如魏徵这般执迷不悔，引火烧身；也不会再有君王如李世民这般礼贤下士，从谏如流了。他笑道："陛下与魏徵，当年便是冤家对头，势如水火。如今同宴共饮，又是魏徵不甚识趣，面折廷争。臣眼见波折横生，还担心他小命不保。谁知陛下为此当众罪己，待他恩宠逾常，倒也有趣。"

"昔日，魏徵为隐太子谋划，竭忠尽智，这便是我重用他的原因。只是……我有时嫌他过于耿直，逼迫太甚，叫人难堪。"李世民扭头看向魏徵，有些迟疑地问道："若玄成也能多少改一改，便更好了。你每次进谏，但凡我不肯听从，想与你言说一番，你便闭口不应。这是为何？"

"微臣不敢应。臣见事不可行，才会劝阻陛下。如果陛下不愿听从，我却与您虚与委蛇，胡乱答应，只怕事后追悔莫及。"

"你我君臣之间，朝夕相对。我曾说身旁不可一日无卿。既然如此，有时等到事后再谏，又有何妨？"

"世人都知道'成事不说，遂事不谏'。已经做了的事，便没有必要去追究，去劝阻了。我见史臣编撰的《晋书》中，极力称扬前赵的宰相刘殷，说他事主有道，从不在殿前犯颜忤旨。每次进谏，都是在私底下劝说君主，而汉主刘聪竟'无所不从'。敢问陛下，您信吗？有些事，若不是微臣在殿前说开了，陛下真的愿意听从吗？以陛下的贤德，尚且如此，那残暴的刘聪能好过陛下吗？刘殷以谦卑退让自保，赢得了美好的名声，保全了富贵，却陷君王于不义。难道您希望我做这样的臣子吗？"

李世民想起长乐公主的嫁妆，气得发笑，道："原来你是故意顶撞，偏要叫我下不了台！"

"微臣侍奉的，可是堪比尧舜的明君，怎会如此拘泥于小节呢？昔日，帝舜曾告诫群臣，说你们绝不能当面顺从我，却在背后另有一套说辞。如今，要是陛下非逼着我改了，便是不许我做那侍奉舜帝的稷、契了，想来未免有些可惜。"

魏徵扯起眼皮，偷偷瞄向太宗，喟然长叹。

李世民大笑，道："人人都说魏徵不知礼，行为粗鲁，举止傲慢。我只觉得他妩媚可爱。罢了，罢了……"他摆摆手，转向魏徵，又道："你还是不用改了吧。"

魏徵起身离席，拜谢道："谢陛下宽厚贤明，容我畅所欲言。正因为有明君在上，我才敢竭尽愚诚，无所避忌。如果陛下不愿接受谏言，我又怎敢不知死活，屡次冒犯呢？"

这便是"魏徵妩媚"的故事，写尽了明君贤臣之间的情谊。后世文人对此吟咏不绝，清乾隆帝也在诗篇中多番致意，写下过"魏徵纵疏慢，妩媚乃宜人""妩媚谁曾识魏徵""何似魏徵多妩媚"等诗句。

层楼之上

　　"快，手脚麻利些！"一个宣谕的内侍站在大厅中央，不时挥动拂尘催促。

　　四面的窗户被人一扇接一扇地推开了。高台上，秋风扑面而来，金色的阳光倾泻一地。

　　一众内侍、宫女踩着细碎的脚步，正鱼贯穿梭于楼阁、回廊与露台之间。他们仔细地抹去窗边、桌面的浮尘，再给坐卧家具摆上一整套崭新的椅搭、引枕，又从精致的食盒里小心翼翼地取出各色碗碟，逐一安排好茶果。

　　这是贞观十年（636）的深秋，宫中连遭大丧。先是缠绵病榻的太上皇李渊在去年五月驾鹤西去，享年七十岁；后是长孙皇后因宿疾加重，在今夏六月撒手人寰，年仅三十六岁。一年之间，李世民痛失两位至亲，悲不自胜，日渐消沉。侍奉他的宫人们一面担心着龙体安危，一面又怕触怒龙颜，只能战战兢兢，小心行事。因此，宫中已经许久不曾有过这般热闹的场景了。

一炷香之后，众人收拾停当，只见华堂庄严，静室无尘。博山炉里的沉香腾起轻烟，一室氤氲缭绕，犹如仙境。

奉诏见证新楼落成的臣子们已经陆续抵达。房玄龄环顾四周，不见卫国公李靖，却见跟从李靖讨灭吐谷浑的侯君集容光焕发，正与人寒暄。擅长诗文的秘书监虞世南与李百药、上官仪等文学侍从之臣则踌躇满志，只待在即席赋诗时一鸣惊人。

"听说上官仪文采粲然，绮错婉媚，是如今风头最盛的后起之秀，不容小觑。"

"宫廷里有文采的才子太多，笔下言之有物的却少。陛下与魏相想要的，不只是声律、文采，更是兴象、气质。如此一来，大唐的文风必将为之一变！"

永嘉南渡以后，南北文学发展很不平衡。论文辞声律，南朝远胜于北朝。然而，北朝诗文在质朴中却也不乏动人之处。以薛道衡为例，他奉隋文帝之命出使南朝陈国时，作有《人日思归》诗。前两句"入春才七日，离家已二年"表意直露，甫一出口，便惹得陈国君臣哄堂大笑。没想到，待他缓缓吟出后两句"人归落雁后，思发在花前"时，全场都因此诗构思奇巧、情真意切而赞不绝口。

　　即便如此，在贞观以前，统治者对文学大多只是偏取一端。以隋朝为例，文帝尚简约，而炀帝重文辞。直到魏徵撰写《隋书·文学传序》，才言简意赅地指出南北文学各有优劣。简言之，江左"贵于清绮"，"宜于咏歌"；而河朔"重乎气质"，"便于时用"。但"气质则理胜其词，清绮则文过其意"，只有"各去所短，合其两长"，才能实现"文质斌斌，尽善尽美"的文学理想。这段南北融合的过程以多元、开放的姿态，奠定了盛唐文学兼具兴象、风骨的审美基调，开创了有唐一代诗文气象万千的辉煌格局，在文学史与文学理论方面都具有里程碑式的意义。

在大厅的正北方，悬挂着一幅高七尺五寸、宽三尺六寸的巨大卷轴。当遮尘的白色细绢被撤下，卷轴展露真容时，有人忍不住惊呼："看，那是《九成宫醴泉铭》！"

一瞬间，众人的目光齐刷刷地望向这里，无数窃窃私语旋即汇成一条喧嚣的河。

"这字迹远看温润婉丽，可谓深得魏晋南北朝以来楷书之雅正；近看刚劲朴茂，于平正中时见奇崛，如运千钧之力于笔端。可谓神采与风骨兼备。加之撇、捺多用圆笔，而弯钩曲圆，结体窄长，是在楷书中暗藏隶法，两得其妙。不愧是弘文馆学士欧阳询晚年的登峰造极之作。"

"欧阳询的书法固然高妙，但魏相的文章却更为可贵。此篇运散于骈，兼有江左的清绮之姿与河朔的贞刚气质，可谓文质彬彬，尽善尽美。"

"且不说它文风雅正，也不说他叙写九成宫始末与天降符瑞时的从容委婉，单说那份以史为鉴的自觉，与篇末'居高思坠，持满戒溢'的箴规之言，便已叫人望尘莫及。"

"这九成宫向来缺水，却偏在陛下跟前涌出清泉，甘甜如醴，果然是应了《礼记》'地出醴泉'的祥瑞之兆。"

"可惜呀，隋文帝躬行节俭，却任用非人。前朝杨素奉命督建九成宫（隋时旧名仁寿宫）时，可是死伤了数万民夫，以致鬼火摇曳、冤魂夜哭。文帝知道实情后，虽然连声痛责，却也无济于事。如今陛下修建避暑的离宫，却是'爱一夫之力，惜十家之产'，只愿'斫雕为朴，损之又损'。这其中自然少不了魏相的功劳。"

"明君的事迹、贤臣的文章、名家的书法，从古至今，还有什么比得上《九成宫醴泉铭》的'三绝'？"

正当众人饶有兴致地品评这篇被后世誉为"楷书极则，天下第一"的碑铭时，却有人不解地问道："陛下年年都去九成宫避暑，而且一待就是小半年。为何偏在此时，命人快马加鞭地送了拓本回宫，又如此珍而重之地保存着？"

"这是先皇后极为爱重的书法……"传命的内侍小心翼翼地说道。

长孙无忌一言不发，眼底却藏着万千情绪。先前登楼时，他拾级而上，见各处陈设、书画中多有皇后的影子，便已猜到此楼为谁而建。但是，一想到朝中那群言必称"孝"的腐儒，想到以往因"九成宫避暑"而引发的汹汹物议，他便有些心绪不宁。

贞观六年（632）到九年，唐太宗携皇后、近臣四次驻跸九成宫。但是，太上皇李渊却始终拒绝前往，执意在长安城外卑小简陋的大安宫里度过一个又一个炎炎夏日。

天家"父子别居"的现象难免会招人非议。以贞观六年为例，前有通直散骑常侍姚思廉力劝太宗放弃出行，后有监察御史马周敦促其尽快返驾。此后几年，朝臣轮番上书，不是劝阻皇帝出宫避暑，就是为太上皇居所的简陋而抱屈。可惜太宗与皇后皆有"气疾"，耐不得长安的酷暑。于是，为堵住天下悠悠之口，不胜其烦的李世民终于下定决心，在皇城东北角的龙首原上为李渊建一座宏伟壮丽的宫殿——大明宫。没想到，兴建仅七个月，宫殿的修建便因李渊的驾崩而搁置。

旭日初升，晨雾尚未散尽。在狭长的宫道上，一阵杂沓的脚步声响起，一南一北两队煊赫的仪仗迎面相逢。为首的宫人各自揖让询问，自报家门，唯恐失了礼仪。

魏徵自暖轿内掀起帘子，听说对面是魏王李泰的辇舆，便欲下轿施礼。然而，一旁的内侍却拦住了他，说道："礼部尚书王珪议礼的奏表，昨日陛下已经准了。从今日起，三品以上大员路遇皇子，皆不必下轿拜送了。"

魏徵有些错愕，脱口问道："为何突然就准了？"

内侍拱手，恭敬地答道："许是魏相前日的那番话触动了陛下吧……"

三天前，李世民在两仪殿上召见全部三品以上官员。与往日不同的是，这次没有恩赏，也没有欢宴，有的只是君王的雷霆之怒。

"众卿可别忘了，在前朝，一品以下官员面见诸王，皆受折辱！如今，朕有意约束诸位皇子，竟反倒教你们自矜身份，轻忽、怠慢诸王！众卿见太子时毕恭毕敬，见了魏王李泰为何就不懂礼数？他难道不是朕的儿子吗？

李世民拍案怒骂，语带威胁。众臣面面相觑，满腹委屈。

原来太宗听信宫中流言，误以为朝廷重臣怠慢了魏王李泰。然而，流言背后的真相却是：朝臣将奉命监国的太子李承乾视为储君，对他愈发恭敬；而一向宠逾常制的魏王因不满太子大权在握，心生不满，不免在暗中与太子较劲。

就在天子余怒未消，众臣缄口之际，魏徵却斩钉截铁地说道："魏王李泰是陛下的嫡次子，聪颖绝伦，才华横溢，一向最得您的宠爱。他所受的赏赐也时有逾常之处。因此，朝臣必定不敢忽视魏王。"

魏徵的寥寥数语，看似在为朝臣辩解，实则暗藏讽谏。李世民心中有愧，他自知自己一向溺爱魏王，听了魏徵的话，便有些如坐针毡。此时，他胸中的怒火也消减了大半。

"论礼，三品以上皆为九卿、八座，与皇子同级。《春秋》更甚，认为朝廷重臣的地位理应位于诸侯之上。如今，陛下约束皇子，是依礼行事；即便不加约束，相信以魏王的贤德，也不至于逞凶伤人。"魏徵先让太宗碰了个软钉子，然后话锋一转，说道，"前朝隋炀帝无德，才会教子无方。而放纵皇子的结果，便是身死国灭。愿陛下明察！"

"话虽如此……但若太子人寿不永，在朕的其他皇子中，或许就有你们的新君。你们怎敢轻慢诸王？"太宗冷静下来，却仍有不甘地说道。

"国本不可动摇。自周朝以来，天子之位从来都是子孙相承，不传兄弟。否则，诸位皇子不分长幼、嫡庶，皆可以为储君，也便都能觊觎皇位。那么，大唐的天下将永无宁日！"

"贤卿所言甚是！人主久居高位，若不虚心纳谏，不肯受臣子约束，简直不知会犯下怎样的罪行。"太宗听出一身冷汗，方才幡然醒悟。于是，他转向各位股肱之臣，极为恳切地说道："朕溺爱魏王，因私忘公，差点就酿成大祸。方才急火攻心时，我只觉众卿欺我、瞒我；如今听完魏相所言，才知是朕理亏。"

魏徵坐在暖轿里，回想着当时的情景，一路蹙眉深思的脸上方才展露笑意。原来礼部尚书王珪上奏表议礼，便是要定尊卑之分，绝无悖逆之心。如今，太宗既然痛快地批准了，便是已经深知其中利害关系。

此时，辰时的钟声刚刚敲过，西风卷地，落叶飞舞。魏徵从暖轿里走出，正瞧见宫门内一道笔直的甬道，直通皇帝的住所。他望向甬道尽头，目光灼灼，心中暗道："君为明君，我作贤臣。自反而缩，虽千万人，吾往矣！"

他想，今日新楼落成，太宗传谕，邀他前往题额撰文，可惜风物诸般好，他却注定又要做一个扫兴的人了。

魏徵伴着太宗的銮驾，来到层楼之下。楼阁不算华丽，却奇在高耸入云，上摩青天。听说建造时工期催得很急，仅用了月余时间，一座百尺高楼便拔地而起。

看着这座高楼，消沉许久的太宗终于展露欢颜，笑道："龙首原上的大明宫兴建不久便停工了，工部预备的建材还剩下好些派不上用场。可惜木材易蠹，不可久存，于是我便命人建了这座楼阁，专供闲暇时登临远眺。贤卿以为如何？"

"楼阁虽然高峻，倒也是玲珑雅致，不务奢

华。"魏徵望向太宗，以低沉却清晰的嗓音说道，"可见陛下是把皇后的箴规都记在了心间。"

太宗眼眶一热，语调有些哽咽，道："我怎么能忘记呢？'亲君子，远小人；纳忠谏，屏谗慝；省作役，止游畋'，这是她的临终之言。她在病重时，已是药石无医。我别无他法，只能听从太子所言，求助于天地神佛。没想到，她竟苦苦劝说，不许我大赦天下，不许我为她祈福，更不许我因她而搅扰天下！"

太宗说得恳切，魏徵竟也忍不住掉下泪来。如果说太上皇崩逝以后，李世民守的是"礼"，那么，长孙皇后去世以来，他却动了太多的"情"，甚至力排众议，将失去母亲的一双未成年儿女带回寝宫，亲自抚养。这便是后来的晋王李治与晋阳公主。

魏徵不忍苛责君王的深情，然而，却不能不为他点出其中的利害关系。若一味放任君王纵情使性，便是弃天下的百姓于不顾。

于是，他清了清嗓子，继续说道："神佛之事本是虚妄，相信陛下也从未深信过，只是愿意为皇

太宗说得恳切，魏徵竟也忍不住掉下泪来。

后试尽一切法子罢了。但是，天家无小事，也许陛下的一念之私，便会遗患无穷。因此，皇后守护着黎民、社稷，也是在守护着陛下呀！"

太宗听罢，不禁潸然泪下，说道："朕自幼苦于气疾，每次发作，皇后都衣不解带地照顾我，昼夜不离。好几次我重病晕厥，危在旦夕，皇后竟悄悄将砒霜藏于腰间，向天立誓曰：'若有不讳，义不独生。'"

"九成宫兵变，谯国公柴绍在深夜急扣宫门。朕只能即刻披甲执戈，前往平叛。没想到，重病卧床的皇后竟然也强撑病体，与我生死相随。那一夜，天很凉。她的手在发抖，面色惨白，额头也渗满汗珠，却始终不曾退缩半步。"

魏徵静静听着太宗的倾诉，忽然问道："陛下可还记得那夜叛军的口号？"

"说是要为父皇诛杀我这逆子！"

李世民双目猩红，目眦欲裂。半晌，露出一抹讽刺的微笑，说道："我为父皇役使民夫，去建一座富丽堂皇的大明宫，这便是'孝'？那么，我若为父皇倾空国库，垒土九丈，这也该是'孝'！为何朝臣又要逼着我将献陵封土改作六丈？可笑，我不过是去行宫避暑，竟也能惹下这天大的罪名！"

"陛下息怒！这天下间固然有冥顽不灵的庸人、腐儒，更有包藏祸心的乱臣贼子。您将皇后葬于昭陵，是因山为陵，薄殓送终；却将太上皇葬于献陵，仍是封土为陵，务求高峻奢华。这是出自您的本心吗？不过是怕物议喧嚣罢了……"

"明君垂范天下，哪能尽如己意。罢了，莫要再提这些恼人事。走吧！"太宗重重地叹了口气，旋即与魏徵一同登上了百尺高楼。

层楼之上，恭候良久的众人簇拥着太宗，站在四面临风的廊宇间。

从楼顶俯瞰长安城，越过碧瓦雕甍，一片繁华便在眼底展开：平康里舞袖招摇，东西市人声鼎沸，还有一条五十丈宽的朱雀大街笔直向南，号为"天街"，车如流水马如龙。

向北远眺，则是重峦叠嶂，流水潆洄。天地间秋意正浓。西风鼓荡，渲染出层林似火；绝涧寒泉，奏响天籁清音。在地平线附近，一片云山雾海正从丘壑间升腾而起，然后弥漫至天际。山风呼啸而过，搅动浓云翻涌，朝人间投下变幻莫测的阴影。浓云之上，艳阳当空，金光万丈。天地间的光影交织着，流淌于山间、城坊之间，壮美异常。

一道东西走向的山脉正横亘于关中平原的北部，与南面的秦岭、终南山遥遥相望。这山脉走势平缓，至咸阳醴泉县境内，才有一座孤峰拔地而起，直插云天。孤峰四周有九道山梁，如辐辏入毂，众星拱月。古人称峰聚之山为"嵕"，故此地名为九嵕山。风过时，满山青翠如浪涌。几缕细白的步道蜿蜒其间，时隐时现。

"看，那就是昭陵！"太宗迎风而立，似忍着万般悲痛，抬手指向西北方。

"是呀，是昭陵！"

"没想到竟能从此地望见昭陵。"

"帝后伉俪情深，堪为佳话！"

"皇后若泉下有知，必定甚感欣慰！"

就在众人纷纷附和之际，魏徵却手搭凉棚，仍在极目远眺，面上尽是焦灼的神色。

于是便有人指引着他，说道："魏相，在那儿！那就是昭陵！"

"昭陵？"魏徵满脸惊诧，用一种近乎喃喃自语却又清晰可辨的声音说道，"如今寻的难道不是献陵吗？"

"献陵？"

"对啊，献陵！"

一时风过，万籁俱静，廊宇间落针可闻。在场所有人都心知肚明，此楼只见昭陵，不见献陵，便是皇帝心中只知有妻，不知有父。如今，有关太宗"不孝""忤逆"的流言尚未彻底平息，哪里还经得起再生波澜？但是，面对君王许久未曾展露的欢颜，劝谏的话，又有谁能说得出口呢？

魏徵眼圈微红，却迎着太宗审视的目光，站得如磐石般坚定。

"罢了。"太宗终于说道，"今日过后，便拆了此楼吧。"

镜鉴得失（上）

　　贞观十七年（643）的元宵节，长安城内例行放夜三天，不设宵禁。从宫廷到民间，家家歌舞行乐，处处斋祭祈福。士女们三五成群，盛装相邀；车马塞路，昼夜喧呼。城内绣楼高耸，山棚结彩；万千花灯，争奇斗艳。

　　在一片热闹祥和的节日氛围中，郑国公魏徵的府上却显得分外沉寂。此时，几个小厮、仆妇正候在院外，见御林军里三层、外三层地守住宅邸，吓得连大气也不敢出。倒是偏房内几个不知轻重的下人仍在窗户下窃窃私语。

　　"这是陛下又来看老爷了吧？"

　　"嗯，听说还带上了太子。"

"这些天，太医、中使，每天都要来好几拨；各种御药、珍宝、锦缎，也是流水般赐下。就这，陛下还嫌不够！"

"可不是吗？前些天，太医才说老爷的身体不大好，宫里即刻便派了中郎将长住府中，方便看顾——这也是因为中郎将与老爷素来亲厚，二人都是隐太子府的故人。"

窗外，中郎将李安俨怔怔地望向新建的正堂，驻足良久。他想：若不是陛下敕建，你的国公府里竟然连个正堂也没有……魏徵，你也太不会为自己谋划了。

转眼间，两个宫人便捧着西凉国进贡的瑞炭从后院走来了。李安俨冲他们略一颔首，二人便紧跟着他进了内院。

屋内，炭盆里的火烧得正旺。李世民正坐在病榻前，小心摩挲着魏徵的手，轻声唤道："太师、太师……朕与太子来看望你了。"

太子李承乾低眉垂首，侍立于旁，眼底却掩不住暗潮翻涌。

昨夜是正月十五的元宵宫宴，太宗破天荒地喝醉了酒。回到寝宫后，他拽住李承乾的衣角，絮叨着说了许多话，都与魏徵相关。

"玉质虽美，却藏于石间，若不待良匠切磋、琢磨，与瓦砾何异？朕非美玉，幸得魏徵辅佐，才能得此功业。如今，良匠危殆，叫朕如何不痛心！"太宗说道。

李承乾微微皱眉，追问道："这满朝文武，竟没有一人比得上魏徵？"

"再无一人！"唐太宗斩钉截铁地说道，"朝廷的言官甚众，却各有短长。比如权万纪、李仁发等，看似直言敢谏，实则多怀私心，所以不可授以权柄，只宜用作爪牙。至于姚思廉、马周等，虽然都是学养深厚的大儒，为人也算忠直，只可惜食古不化，做事缺少变通，所以只能用柔和手段。唯有魏徵澄澈通透，如朕的一面镜子，对我最有助益。"

"儿臣很想听听，父皇为何如此看重太师？"李承乾饶有兴趣地问道。

"你应该知道，魏徵任秘书监五年，不仅充盈馆藏，校订四部，还重修典章制度，编撰'六史'。其所写史传序论，切中肯綮，更能援古证今，鉴往知来，赢得'良史'的美誉。任职秘书监时，他还参知政事，在朝堂论政时或委婉讽喻，或面折廷争，闻名朝野。可即便如此，他升任侍中之后，却多次以眼疾为由，向我请辞。我不肯应允，故意从尚书省寻了些经年不解的悬案，移交门下省主理。我原想，这别人办不了的案子，他魏徵怕是也难办，等他被公务缠身，自然不会有心思再琢磨别的。可没想到，他竟然在数月之间便都结案了。你猜为何？"

李承乾茫然地摇了摇头。

太宗笑道："因为尚书省办案的官员只会依循律法，为一些案子争论不休；可魏徵却能另辟蹊径，从人情事理出发，与涉案各方推心置腹，再循循善诱。因此，他总能找到变通之道，令所有人都心悦诚服。至此，再难解的悬案也都迎刃而解了。"

"事不凝滞，理贵变通。这些悬案，可能只有太师能解！"

"不止如此。当年天下初定，我有心用侍御史权万纪、李仁发等监察群臣，以为制衡。魏徵深知我心，却多次与我背道而行。若不是他一再劝阻，说不定早已酿成大祸。"

"祸从何来？父皇怕是言重了。"

"你且听我慢慢道来。"太宗收起了笑容，叹道，"当年，有好事者奏称河内郡人李好德妖言惑众，意图谋反。大理寺丞张蕴古前往调查后奏说：李好德患有失心疯，所以日常有些胡言乱语；当地人大多习以为常，只把他当笑话看待。我朝律法，戆愚者不治其罪。因此，张蕴古建议结案，不再追究。可是……治书侍御史权万纪却认为此案另有蹊跷，弹劾张蕴古徇私枉法。"

"所以您就杀了张蕴古！但是，权万纪可有拿出确凿的证据？"

"没有确证，全凭臆断。只因张蕴古是相州人，而李好德的兄长李厚德恰巧是相州刺史。虽说是捕风捉影的事，但若朝廷命官敢勾结地方官，那便是结党营私的大罪！"太宗叹了口气，说道，"怪我一时失察，便在盛怒之下斩了张蕴古。"

"张蕴古着实无辜！那您事后是如何处置权万

纪的呢？"

"并无处罚。孩儿，你需牢记：言官不可重罚，否则谁还敢直言其事？况且听信那般臆断的人，是朕；错杀张蕴古的人，也是朕。"

"那就放任张蕴古冤死吗？"

"当然不行。如果不为张蕴古平反，那往后一旦牵扯妖言、谋逆的案子，谁还敢出头替事主说句公道话？如果放任诬告成风，最后岂不是人人自危？所以魏徵劝我慎刑、慎杀，与我一同定下了'三复奏''五复奏'的制度。"

"父皇圣明！虽然冤杀了张蕴古，却也因此救了往后许多人的性命。"

"权万纪攀咬群臣的事，可不止这一桩。"太宗将桌上的杯盏推远些后，又说道，"朕即位以后，便命尚书右仆射房玄龄与侍中王珪执掌百官考功，定其升降。贞观三年（629），权万纪弹劾二人赏罚不公。我原打算让侯君集重勘此案，却被魏徵劝止了。他问了我三个问题。一是：房玄龄与王珪为人忠直，陛下信不信得过他们？二是：若重勘以后，二人在考功方面果有疏漏，陛下是罚还是不罚？他见我沉默不语，最后问道：若陛下不再重用他们，可有更好的人选？——乾儿，你听懂了吗？"

李承乾思索片刻后，笑道："儿臣懂了，太师是想提醒您'用人不疑，疑人不用'的道理。因为考功一事千头万绪，谁能做到事事妥帖？即使二人没有徇私，也很可能有些纰漏。更何况，房玄龄贵为百官之首，王珪也位列宰执。若父皇日后还想重用他们，便不能教他们丧失威信，颜面无存。"

"太子果然聪慧！"太宗朗声笑道，"这便是魏徵在《辨权万纪劾房玄龄王珪考官不平疏》里所说的道理。最可疑的是，权万纪监察考功堂多年，从来不置一词，偏等他考功结果不再是上等时才提出异议，这其中有没有假公济私之嫌呢？"

"父皇英明！这些把戏到底瞒不过您！"

"不，你错了。"太宗摇摇头，有些自嘲地笑道，"这些手段虽然拙劣，却不是我能立即看穿的。当初，我用权万纪、李仁发牵制百官，原是存了私心的，所以多少会偏向他们。从张蕴古到考功案，如果不是魏徵一再提醒，我哪能看清楚其中的利害关系？有时，你豢养的爪牙也会背叛你。"

"这世间，有太多不可靠的东西了……"李承乾叹了口气，眼中尽是哀伤。

太宗见状，附身贴近太子，问道："乾儿，你可知父皇为何要魏徵做你的太师？"

"孩儿明白。父皇是想效仿'商山四皓'的故事，告诉天下，大唐的储君地位不可动摇。"

李承乾忽然想到去年正月里的那场雪。他想，魏徵在成为太子太师之前，已经帮过我很多次了。那是李承乾最孤立无援的时候：太宗杀了他最宠爱的太常寺乐童称心，东宫又有张玄素、孔颖达等人日夜约束着他，动辄便说他"好嬉戏，颇亏礼法"。与此同时，魏王李泰却受尽偏爱，太宗甚至恩准他乘轿上朝。于是，不少朝臣便闻风而动，暗地里攀附魏王，怂恿他参与夺嫡。这样一来，朝中改立储君的呼声愈发高涨。李承乾记得，那一夜的风雪很大，太宗下令让魏王李泰移居武德殿。屋内，魏王李泰正与父皇讲论诗赋；屋外，他站在风雪中，万念俱灰。后来，听说是魏徵不顾病体，夤夜入宫，才劝父皇取消了李泰那些逾礼的恩宠与偏爱。

"你明白就好。"太宗轻轻拍了拍嫡长子的肩头，欣慰地笑道，"罢了，父皇有些乏了。你且自去吧！"

李承乾应诺，转身走入无边的黑暗之中。他想：父皇，我与李泰已是不死不休。我不能再等了。

几声清脆的鸟叫声响起。李承乾看见斜日透过纱窗，照亮了半间屋子。

病榻上的魏徵似乎正从漫长的昏睡中悠悠醒转，发出一声低沉喑哑的呼喊。

"陛下……"

"玄成，你醒了？"太宗笑逐颜开，有些不知所措地伸手替他掖了掖被子，说道，"如今寒冬已过，春日渐长，你更要好生将息才是！"

原本很安静的房间里开始有些骚动。不知从哪里传来一声压抑的啜泣，瞬间便惹出此起彼伏的共鸣。

魏徵别过脸去，望着窗前漏下的日光。半响，方才说道："万物有序，死生有命……臣，怕是要先行一步了。"

"玄成，你可还有什么愿望未了？"太宗纵使咬着牙，也止不住眼泪掉落。

"臣，无憾也。"魏徵转向太宗，脸颊灰白，却目光炯炯。

"玄成，我为你选了上好的风水宝地，也是因山为陵。距我的玄宫不过五六里地，再没有比这更近的地方了！

"我的幼女衡山公主就要及笄了。我见叔玉一表人才，何不做个亲家？"

"陛下，"魏徵轻声唤回了太宗，道，"你知道我一生所求，不在其身，也不在其家，只愿天下太平无忧，盛世清明……"

"你如何说得这般轻巧？我只知'以铜为镜，可以正衣冠；以古为镜，可以知兴替；以人为镜，可以知得失'。如今，我将失去人镜，还有何人可以重用？"太宗愈发哽咽起来。

"侯君集文武双全，杜正伦才华出众，此二人皆是宰相之才，陛下何不重用他们？"

李承乾闻言一惊，抬头时，恰巧遇着魏徵意味深长的目光。

"杜正伦才因口风不严，贬去了交州……"太宗有些讶异。

"小节有亏，不妨大事。"魏徵气若游丝，却仍坚定地举荐了他们。

来不及了，太师！来不及了！太子心想。他将双手藏于袖中，任凭指甲嵌入血肉。

次日，魏徵病逝，享年六十四岁。李世民罢朝五日，诏赐一品羽葆的葬仪，命九品以上官员全部前往吊唁。然而，没想到的是，就在所有丧仪尚未开始前，魏徵的夫人裴氏便在晨光熹微中，坐着一辆素布帷幔装饰的小车，前往昭陵了。

"魏夫人的行事风格，倒是与魏徵分毫不差！"事后，李世民颇为感慨地说道。

内侍小心翼翼地将刚磨好的朱砂墨递了过来。李世民手执狼毫，见墨质细腻，色泽透亮，才终于在一块精致的方碑上落了笔。

"御笔亲写碑文，除了魏文贞公以外，再没有人有这份殊荣了吧！"

太宗笑了笑，并不理会，只是一字一句，仔细地写下魏徵的一生。

三月，太子李承乾谋反未遂，被贬为庶人，流放黔州。侯君集、李安俨涉事问斩，杜正伦也被流放。

"魏徵，这就是你所谓的宰相之才！……还有一个不安分的李安俨。"

太宗站在凌烟阁内，四周悬挂着阎立本绘制的二十四功臣图。说话间，只淡淡地瞥了一眼侯君集的画像，终是没有命人撤去。

"听说魏徵的墓碑已经立好了？"

"是的。"

"命人推倒它吧！"

"……是。"

"衡山公主的亲事，也从长再议吧。"

"是。"

镜鉴得失（下）

　　贞观十八年（643）仲春，唐太宗李世民在改立李治为皇储的八个月后，决定亲征高句丽，讨伐弑君擅权的高句丽摄政王（高句丽语称之为莫离支）渊盖苏文。

　　在推倒魏徵的墓碑以前，太宗仍然沿用其"偃武修文，中国既安，四夷自服"的政治主张，直言"山东凋敝，不忍用兵"，对高句丽采用"远人不服，则修文德以来之"的政策。

　　回想李世民即位之初，天下未定，朝中流行的是"以战止战"的崇武思想。贞观元年（627），岭南各州府频繁上书，奏称高州酋帅冯盎意图谋反。太宗为此紧急调发江南、岭南数十州兵马，前往讨伐。可是魏徵却上书劝阻道："中原战乱初定，如今仍是满目疮痍，不宜重燃战火。何况此去高州，山川险阻，援兵很难顺利抵达。此外，岭南又多瘴气，常年疫病横行，如果军中再有瘟疫流行，恐怕更加难以取胜。最重要的是，所谓冯盎谋反，至今仍是传言。不如先派使者叩问缘由，以德服之，然后再行定夺。"

在魏徵的反复劝谏下，太宗终于下令收兵，改派朝廷使者持节前往高州慰问。果然，冯盎从来无意反叛，只是与当地各土酋势力之间屡有争斗，才遭人陷害。为表忠心，他旋即命儿子冯智戴随使臣一起入朝参拜。至此，一场兵祸就此消弭。太宗感慨："魏徵一计，胜过十万雄师。"

四年后，冯盎平定纷争，又以高州总管的身份亲往长安，拜谒太宗。太宗设宴款待，厚赐财物。不久，罗窦洞有数万獠民造反，声势浩大。太宗命冯盎前往征讨。冯盎领兵，在击溃獠民后乘胜追击，一举平定岭南。

试想，当年如果没有魏徵，太宗误信谣言，果然派军队征讨冯盎，那么，且不论战争的胜败，天下都多了一场兵祸，而少了一位忠心耿耿、可以为国平叛的将军。

贞观二年，唐太宗李世民借助突厥内乱，一举消灭了在朔方割据称帝的梁师都势力。从此，唐初以来军阀混战的分裂局面基本宣告结束，战争的矛头开始转向不断侵扰大唐边境的外族。当时，唐王朝的西北面，突厥、吐谷浑频繁寇边；东北方，高句丽、靺鞨反复无常；至于南方的蛮獠，虽然不成气候，却也在不断反叛滋事。与此同时，国内在经历长久的战乱之后，仍是州里萧条、土旷人稀、民生凋敝的模样。唐王朝正值百废待兴之际，是先用武力解决外患，还是休养生息，以解决内忧为重，这是太宗当时反复思考的问题。

当时，大多数朝臣都建议太宗行霸道，用武力炫耀国威，征讨四夷。唯有魏徵坚决反对。他多次以隋王朝穷兵黩武、自取灭亡的前车之鉴，劝说太宗偃武修文，爱护百姓，推行王道。"偃武修文"的关键在于"修文"，即以内政为主，轻徭薄赋，戒奢行俭，与民休息；对外则慎重处理与外族的关系，不急于用兵，等待时机成熟后再彻底解决问题。最终，李世民采纳了魏徵的建议，也因此成就了贞观以来的繁华盛世。

十年后，也就是贞观十二年（638）的春末，太宗皇帝为东宫诞下新的皇孙而设宴，专门款待五品以上的官员。席间，太宗感慨："贞观以前，随我南征北战、谋定天下的，是房玄龄；贞观以后，直言进谏，帮我修正过失的，是魏徵。"从创业到守业，从征战四方到与民休息，唐王朝完成了从"善战"到"慎战"的转变。然而，随着国力的强盛，反对羁縻怀柔，主张用武力征讨威慑四夷的声音再度甚嚣尘上。只有魏徵认为，唐王朝还远不到能轻启战衅的时候。

即便是魏徵已经离世，朝臣对太宗亲征高句丽之事，也不是没有反对的声音。谏议大夫褚遂良曾两度上书。他先是反对征讨高句丽，说道："如今中原清晏，四夷宾服，唐王朝威望正隆。一旦渡海远征，能够取胜还好，如果稍有闪失，难免损伤朝廷的威望，宵小之徒就会趁机作乱。"此后，眼见出兵已成定局，他又劝说太宗不要亲赴险境，不应为了蕞尔小国，置天下的安危于不顾。然而，行伍出身的李世勣却一向厌烦这些"偃武修文"的大道理。他深知褚遂良是由魏徵推荐给太宗的，于是忿然怒斥："当年薛延陀进犯北境，陛下想要发兵征讨，以图永绝后患。如果不是因为魏徵的劝谏，如今北疆早已平定，怎么会让宵小之徒猖狂至今？"只可惜，故去的魏徵已再无辩驳的可能了。

提起薛延陀，太宗也自觉有些遗憾，若不是魏徵一向奉行"慎战"思想，多方劝阻、牵制，说不定他早已永绝后患。薛延陀汗国原是在唐王朝的扶植下建立的，在李靖灭亡东突厥之后才趁机发展壮大。然而，从数年前开始，薛延陀几度侵扰北部边境，与唐王朝时战时和。薛延陀在俘获大唐蕃将契苾何力之后，遣使入贡，向太宗求娶公主。太宗为换回爱将，答应以适龄的第十五女新兴公主嫁与真珠可汗。然而，获释归来的契苾何力极力反对和亲，认为不应助长薛延陀在北境的威望。最后，太宗不顾群臣劝阻，在数月前以聘礼不足为由，强行取消了与真珠可汗的婚姻之约。此后，薛延陀与大唐的关系愈发恶化。

在太宗看来，唐王朝经过将近二十年的休养

生息，成功缔造了清平繁华的贞观之治，这给了他征讨四夷的更多底气。更何况，高句丽的渊盖苏文已犯下累累恶行，气焰愈发嚣张。一年前，他发动政变，弑君后另立傀儡，自封为"莫离支"，以摄政王的身份专权擅政，大肆屠戮政敌，陵虐百姓，引得国内怨声载道。数月前，渊盖苏文又与百济勾结，领兵侵犯新罗，并攻下两城。三个月前，新罗遣使求救，太宗命使臣前往调解，却遭到渊盖苏文的拒绝。眼见渊盖苏文愈发恃强行凶，太宗便以为征讨高句丽的时机已经成熟，决定亲征高句丽。

出兵之前，太宗留新太子李治在定州监国，命房玄龄留守长安。闻此消息，原本已经退休的尉迟恭星夜上奏，说道："长安与东都洛阳是国库重地，如今您与太子都巡幸在外，两都即使有重兵把守，也难免空虚。当年隋朝叛将杨玄感正是趁着隋炀帝亲征高句丽之时，发动兵变，领兵围攻东都。前朝故事，至今仍然历历在目，陛下何苦御驾亲征？"这番肺腑之言没能改变李世民亲征高句丽的决心。无奈之下，年近花甲的老将尉迟恭只能重披战甲，被迫加入御驾亲征的队伍。

大军从洛阳出发，太宗亲自指挥大军，李世勣、李道宗、长孙无忌等随行，中书令岑文本随军执掌文书。十余万精兵，跨山越海，剑指高句丽。

一开始，唐军所向披靡，连战连捷，只用了四个月时间，便已攻下玄菟、横山、盖牟、磨迷、辽东、白岩、卑沙、麦谷、银山、后黄十座城池。六月，渊盖苏文举倾国之力，联合靺鞨，从高句丽北部派出十五万大军，驰援前线。太宗闻此，设计诱敌深入，诏令左卫大将军阿史那社尔率领千余突厥兵士前往挑战。短兵相接之后，阿史那社尔便佯装不敌，且战且退。高句丽、靺鞨联军乘胜追击，来到位于安市城东八里处的六山安营扎寨。

天亮之前，太宗命李世勣率主力部队诱敌出击，命长孙无忌领一万精兵从侧翼伏击，自己则亲率四千骑兵，从北山俯冲而下，形成三面夹击之势，一举击溃高句丽、靺鞨的十五万援军，斩首两万多人。敌将高延寿、高惠真率领余部三万六千八百人归降。为纪念这次大捷，太宗诏改六山为驻跸山。在这场战役中，无名小卒薛仁贵身着白衣，手握长戟，在腰间挂着弓箭，大声呼喊着冲锋陷阵，勇猛异常。战后，太宗破格提拔他为游击将军。从此，薛仁贵声名鹊起，他后来在南征北战中大败九姓铁勒，降服高丽，击破突厥，成为一代名将。

然而，驻跸山大战之后，唐军一路高歌奏凯的局势突然急转直下，最终以令人意想不到的方式陷入僵局。七月，唐军在消灭高句丽援军后，将大营从城东岭迁往城南，一步步围困安市城。原本以为，城池在失去强援之后，陷落之期指日可待。然而，眼见大军兵临城下，故军竟然还能登城叫骂，摇旗壮胆，呐喊挑衅。

在高句丽军队的顽强抵抗之下，唐军的损失明显超出了预期。宗室将领李道宗在混战中被毒箭射伤了腿部，幸亏太宗及时为他吸出毒血，才保住性命。为此，太宗逐渐恼羞成怒，听从了李世勣的建议，在阵前下达了屠城令——城破之日，坑杀全城男子。然而，屠城的威胁并没能逼对方缴械投降，反而激起了他们更加顽强的抵抗。

安市城的攻防战愈演愈烈。唐军轮番攻城，一日至少要发动六七轮攻势。各种攻城器械，冲车、炮车，一次次地摧毁城墙与堞楼，又一次次地被守军击毁。从白天到黑夜，飞石、乱箭如雨，双方的死伤与日俱增。

随着时间的流逝，攻防双方也都曾寻找过破局之道。安市城主曾打算以攻为守，派人夜袭唐营。不料，太宗却从城内不寻常的喧哗声中看出端倪。当夜，唐军严阵以待，将偷袭的高句丽死士全部擒获。从此，安市城主再也不敢轻举妄动，只能坚壁清野，日复一日地加强警戒，加固防守。

同时，唐军久攻不下，也不得不另辟蹊径。太宗最终采纳了宗室大将李道宗的建议，在安市城东南修筑土山，想要从高处逼近敌城，以掌握主动权。八月底，土山已经初具规模。此时，山顶距离安市城墙不过数丈。从山顶俯瞰城中，高句丽军的动向尽收眼底。然而，令人意想不到的是，土山突然崩塌，滚落的泥石压毁城墙，在土山与城池之间形成一条天然的坡道。这是唐军等待许久的机缘——固若金汤的安市城突然有了突破口，正是他们大举攻城的天赐良机。

只可惜，命运的翻云覆雨手却从未停歇，良机转瞬即逝。由于驻守土山的大唐果毅将军傅伏爱擅离职守，守城的高句丽人反倒抢得先机。百余名高句丽勇士组成敢死队，登上土山，却发现如入无人之境。在占领山顶后，又有更多守城的军民推着辎重，快速布防。电光石火之间，双方在土山的攻守之势彻底转换。唐军用数万兵士，经过六十天昼夜不停的赶工才终于完成的土山，就这么轻轻松松地落入敌人之手，反而成为敌人保护坍塌城墙的防御屏障。

太宗勃然大怒，下令立斩傅伏爱，然后尽遣精锐部队，轮番围攻土山。然而，苦战三昼夜之后，严阵以待的安市城守军却没有露出任何破绽。更糟糕的是，辽东苦寒，凛冬将至，深秋九月的风早已透出刺骨的寒意。

太宗自知形势不利，不得不下令班师回朝。这场战事历时七个多月，攻克十城，斩首数万，收降部曲数万，内迁辽、盖、岩三州百姓共七万人，但是，安市城之战仍然算得上是太宗戎马生涯里的"惨败"。因为御驾亲征的初衷是为了讨伐弑君擅权的高句丽权臣渊盖苏文，庇护新罗。如今，安市城作为高句丽的屏障，守住了背后的腹地，让大唐的军队无法从根本上动摇渊盖苏文的统治。从战略意义上看，大唐确实是输了。

太宗在归途中，更能看清战争的疮痍。仅在新城、建安、驻跸三大战役中，唐朝军队就有二千多将士阵亡。至于战马，则有十分之七八都埋葬于此。"从古知兵非好战。"痛定思痛的李世民命人沿途收殓阵亡唐军的骸骨，希望安抚思乡的孤魂，能为自己的错误决策赎罪。

太宗站在高岗之上，望着冰原上斗折蛇行的行军队伍，不由得又想起了一个人。"如果魏徵还在，我怎么会有这番挫败。"他的思绪又回到了二十年前的秦王府。那时，他带着一身血污，端坐于大殿之上，而魏徵跪伏于地，正与他说起管仲辅佐桓公的故事。"如其仁，如其仁！"魏徵的感慨似乎仍在耳边回响。但眼前人的面目却愈发模糊了。昏暗的大殿上再无旁人，火把渐灭，将他们笼罩于一片阴影之中。太宗招招手，想叫魏徵近前些，没想到脚下一个趔趄，才猛然回过神来。

太宗站在高岗之上，望着冰原上斗折蛇行的行军队
伍，不由得又想起了一个人。

"命人快马加鞭赶回长安，去昭陵，将魏徵的墓碑扶起，用少牢之礼祭祀；还有，重重赏赐魏徵妻儿！莫要耽误，快，快！"

魏徵
生平简表

●◎ **北周静帝大象二年**（580）

魏徵生。生地无从考证。

●◎ **隋炀帝大业十二年**（616）

在此前数年间，魏徵为道士，具体年月不可考。

●◎ **大业十三年**（617）

魏徵为元宝藏典书记。李密爱其文辞，召魏徵为文学参军掌记室。

●◎唐高祖武德四年（621）

魏徵得太子李建成赏识，为太子洗马。

●◎武德九年（626）

魏徵曾劝李建成早日根除李世民。六月，在玄武门事变后，李世民因赏识魏徵的才学，赦免了他。

●◎唐太宗贞观二年（628）

正月，魏徵对太宗说："人主兼听则明，偏信则暗。"十月，太宗想要去南山游猎，担心魏徵知道后又来劝谏他，因此放弃。

太宗得一佳鹞，见魏徵来，藏匿怀中。魏徵奏事，久久不愿离去，鹞竟死在太宗怀中。

●◎贞观三年（629）

二月，魏徵为秘书监，参与朝政。

●◎贞观六年（632）

太宗曾在罢朝后大怒，骂魏徵田舍夫该死，长孙皇后朝服贺君明臣直。

●◎贞观八年（634）

魏徵谏封郑仁基女为充华。

●◎贞观十年（636）

太宗思念长孙皇后，作层观以望昭陵。魏徵讽谏，太宗为之毁观。

●◎贞观十一年（637）

四月，魏徵上《谏太宗十思疏》。五月，上疏谏居安忘危。七月，上疏谏亲小人，远君子。

●◎贞观十三年（639）

五月，魏徵上《十渐不克终疏》，论及帝王不能终美业者凡十条。

●◎贞观十六年（642）

正月，太宗令魏王李泰徙居武德殿。魏徵上书谏，帝遣泰归第。

●◎贞观十七年（643）

正月，魏徵病重，太宗与太子承乾一同前往魏宅探病，承诺将衡山公主嫁与其子魏叔玉。十七日，魏徵死。诏命陪葬昭陵。太宗亲自撰写并手书碑文。几个月后，太宗怀疑魏徵结党营私，下令解除衡山公主与魏叔玉的婚约，推倒为魏徵写的碑石。

太宗亲自率军攻打高句丽。九月，因天寒食尽，班师回朝。

太宗深悔此行，心想若**魏徵**在世，必定会谏止此事。念及**魏**

徵以往的功劳，太宗命人以少牢之礼祭祀**魏徵**，重立当初亲

自撰写的碑石。